中国思想史研究

侯外庐研究专辑

谢阳举 郑熊 主编

西北大学出版社

图书在版编目(CIP)数据

中国思想史研究·侯外庐研究专辑 / 谢阳举, 郑熊主编. —西安:西北大学出版社,2017.2
ISBN 978-7-5604-3971-6

Ⅰ.①中… Ⅱ.①谢… ②郑… Ⅲ.①思想史—中国—文集 ②侯外庐(1903-1987)—学术思想—研究 Ⅳ.①B2-53 ②K825.81

中国版本图书馆 CIP 数据核字(2016)第 308371 号

中国思想史研究·侯外庐研究专辑

主　　编: 谢阳举　郑　熊
出版发行: 西北大学出版社
地　　址: 西安市太白北路 229 号
邮　　编: 710069
电　　话: 029-88303059
经　　销: 全国新华书店
印　　装: 西安华新彩印有限责任公司
开　　本: 787mm×1092mm　1/16
印　　张: 16
字　　数: 194 千字
版　　次: 2017 年 2 月第 1 版　2017 年 2 月第 1 次印刷
书　　号: ISBN 978-7-5604-3971-6
定　　价: 42.00 元

西北大学名誉校长、中国思想文化研究所所长

张岂之先生在研讨会上致辞

北京师范大学历史学院瞿林东教授

湖南大学岳麓书院陈谷嘉教授

中国艺术研究院任大援教授

中国社会科学院历史研究所张海燕研究员

西北大学公共管理学院刘文瑞教授

西北大学中国思想文化研究所张茂泽教授

长春出版社社科人文中心张中良主任

研讨会会场

目　录

侯外庐先生中国思想史研究的特色与贡献

张岂之
（西北大学中国思想文化研究所）

侯外庐（1903—1987）先生，是我国著名的马克思主义历史学家、中国思想史学家、教育家，与郭沫若、范文澜、翦伯赞、吕振羽诸学者并称为史学界“五老”。侯外庐先生将中国思想史置于中国社会史研究的基础上，开创了享誉学林的侯外庐学派，对于促进马克思主义史学中国化做出了重要贡献。

长春出版社于2012年提出编辑、出版《侯外庐著作与思想研究》，经过四年努力，这套书共33卷即将面世。我想对此做一些介绍，供读者朋友们参考。

一、侯外庐论中国历史的独特道路

侯外庐先生论中国历史、中国社会史和中国思想史，既继承中国思想学术史的优良传统，又创造性地运用马克思主义历史唯物论作为研究指导。这正如历史学家白寿彝先生所说，侯外庐“研究中国历史总是想把马克思主义历史理论中国化，也可以说把马克思主义历史理论民族化。这一点很重要”。又说：“这反映了我们中国马克思主义史学发展到新的阶段，外庐同志的著作是这个阶段的标志。”

侯外庐先生对马克思主义历史唯物论的学习和研究，开始于1928年至1938年这十年间对马克思《资本论》的翻译。他说："对于一部完整的科学理论，翻译中的理解角度，往往不同于阅读中的理解角度。我在历史研究中所注重的研究方法，相当程度取决于我对马克思的唯物史观理论的形成和发展过程的认识。"这说明，侯外庐先生用十年时间从事《资本论》的翻译，是为了理解什么才是马克思历史唯物论的真谛。

侯外庐先生曾经说，我们要现成地从马克思、恩格斯的著作中找到关于中国社会史与思想史的具体结论，那是不可能的。《资本论》的主题并不是中国历史和中国社会，恩格斯的《家庭、私有制和国家的起源》一书中也没有提到中国。

侯外庐先生认为，马克思在分析以印度为主的东方古代社会时，曾经提出"亚细亚生产方式"的概念，不过这个理论并不十分明确和系统，因而国际学术界对此概念的理解也存在很大分歧。在此情况下，侯外庐先生于20世纪30年代，仔细阅读马克思的《〈政治经济学批判〉序言》《资本论》和恩格斯的《家庭、私有制和国家的起源》，查找出100多条马克思、恩格斯有关东方古代社会的论述，从而对于"亚细亚生产方式"有了比较全面的理解。1945年侯外庐先生发表《我对"亚细亚生产方法"之答案与世界历史学家商榷》，1946年他又在修改《中国古典社会史论》（1941年出版）的基础上，出版《中国古代社会史》（1955年再版时定名为《中国古代社会史论》），对"亚细亚生产方式"做了全面的论述。

侯外庐先生的这些论述，其主旨在于说明中国古代与西方古代不同，有自己独特发展的道路，认为，世界上古代文明的发展路径不止一条，有古典的形态（如希腊），还有非古典的形态，即“亚细亚生产方式”，这在中国的古代表现为：从氏族社会走向文明社会，保留了旧有氏族组织的某些方面，在氏族血缘关系的基础上建立起国家组织；由此演变成为血缘的宗法制。侯外庐先生强调，中国学人研究中国历史和文化，要找出自身的特点，不可用西方历史的模式来硬套中国历史。

在20世纪40年代，当侯外庐的《中国古代思想学说史》再版之际，他写下这样的感言：“中国学人已经超出了仅仅仿效西欧的语言之阶段了，他们在自己的土地上无所顾虑地能够自己使用新的方法，发掘自己民族的文化传统了。”在20世纪，经过长期探索，中国史学家不必言必称希腊，他们努力将马克思主义历史唯物论与中国历史文化相结合，进行创造性研究，做出了开创性的贡献。

二、《中国思想通史》的学术价值

侯外庐先生主编的《中国思想通史》（共五卷六册，260余万字），是一部完整的关于中国思想史的学术著作。

中国思想史是中国历史的一个组成部分，是理论化的中国社会思想意识的发展史。中国历史上的政治思想、经济思想、哲学思想、科学思想、法律思想、军事思想等，都是中国思想史的研究对象。在中国思想史的综合研究中，更多是关于哲学思想、道德伦理思想、政治思想的内容。

侯外庐先生主编的《中国思想通史》第一卷（先秦时期）撰著于1946年，1947年出版，作者署名是侯外庐、杜国庠、赵纪彬。《中国思想通史》第二卷（秦汉时期）与第三卷（魏晋南北朝时期）完成于上海解放前夕，作者除以上三位，增加了邱汉生先生，1950 年出版。新中国成立后，侯外庐先生指导他的几位助手，于 1957 年完成《中国思想通史》第一、二、三卷的修订增补工作。第四卷（隋唐宋元明时期）是在不适合进行学术研究的 1957 年至 1959 年完成的，作者队伍有所扩大，于 1960 年出版，分上下两册。侯外庐先生回忆说：《中国思想通史》第四卷“留下了粗糙的痕迹”。《中国思想通史》第五卷定名为《中国早期启蒙思想史》，1956 年出版，内容从明末清初开始，由《近代中国思想学说史》（1945 年出版）补充、修订而成。

综观《中国思想通史》五卷六册，从写作、出版、修订到再版，历时较长，其时正是社会激变时期，侯外庐先生等老一辈学者生活在动荡中，承受着不少压力，但他们仍然坚持用马克思主义唯物史观作为指导，完成了卷帙浩繁的学术著作，其动力来源于内心深处的强烈责任感。《中国思想通史》最显著的特点是：将中国思想史建立在中国社会史的基础上，这样，思想就有了社会基础。

《中国思想通史》除力图展示历史与逻辑的统一，还注意关于社会思潮与思想史学派的研究。它告诉人们：中国思想史不仅有代表性的思想家的思想研究，而且有基于社会存在而形成的某一历史阶段中饱含时代特色的思想史，对今天和未来都具有重要的影响力。也就是说，思想家与时代性结合在一起。

关于中国社会史与思想史的联系，侯外庐先生有两本著作，即《中国古代社会史论》与《中国封建社会史论》可作代表。侯外庐先生关于中国封建社会的论述，曾提出“土地国有论”观点，这在 20 世纪五六十年代，曾经引起学术界的讨论。什么是“土地国有论”呢？他说：“我所讲的‘国有’即马克思所指的‘国家’或‘君主是主要的土地所有者’，这是中国封建社会中长期占支配地位的土地所有制形式，但它不是唯一形式。”不同历史时期的“皇权”就建立在这个物质基础上。

我还想提到，《中国思想通史》继承了中国传统的考据方法，这不是偶然的。侯外庐先生对王国维史学方法有过精深的研究；杜国庠先生对儒墨思想做过深入的比较研究；赵纪彬先生对章太炎的学术研究方法有系统的论述；邱汉生先生精于古史考证，并长于义理发挥。他们的这些优长结合起来，就形成了《中国思想通史》中对传统研究方法的传承与发展。由此可见，马克思主义唯物史观可以和传统的学术研究方法结合，并赋予它新的生命力。

侯外庐先生的中国思想史研究，发掘了不少过去不被人们注意的思想家，比如对清初方以智的全面论述，就是显例。他还重视中国思想史的普及工作，与其助手写了教材性质的书，如《中国思想史纲》《中国哲学史略》等。

侯外庐先生的自传《韧的追求》一书是以自评《中国思想通史》作为结束语的，他说：“我的工作只是对中国思想史作了初步探索，中国丰富的珍贵的思想遗产有待进一步整理与总结。‘青，取之于蓝而胜于蓝；冰，水为之而寒于水’。先哲荀子的名言说出了后来居上这个真理。我深深期望也深深相信，我国的思想史、哲学史的著作之林将来会出现凌云的杰构。”

原发表于《光明日报》，2016 年 1 月 6 日

侯外庐在史学理论与学科建设上的贡献

瞿林东
（北京师范大学历史学院）

《侯外庐著作与思想研究》三十三卷巨帙的出版，进一步展现出了侯外庐先生学术思想的博大精深。这是中国马克思主义史学发展史上的一座丰碑，是中国近现代学术史上的宝贵遗产，它在当今和未来的中国学术事业发展中，必将产生更广泛的积极影响。

张岂之先生在这一巨帙的《总序》中指出："侯外庐先生治中国历史、中国社会史和中国思想史，既继承中国思想学术史的优良传统，又创造性地运用马克思主义历史唯物论作为研究的指导，在马克思主义与中国社会史、学术史、思想史研究方面做出了重要贡献。"① 《总序》还对侯外庐先生关于"亚细亚生产方式"的学术观点与理论阐发，以及《中国思想通史》等著作，做了中肯、简明扼要的评价，对读者了解、阅读这部巨帙，具有指导意义。

本文仅就侯外庐先生在史学理论与历史学学科建设上的贡献，如论史学工作者自身的修养、历史研究的原则和方法、历

① 张岂之：《侯外庐著作与思想研究·总序》，见《侯外庐著作与思想研究（第一卷）》，长春出版社，2016 年版，第 1－2 页。

史研究新的生长点如何产生、人才培养与教学改革，以及马克思主义史学中国化等重要问题，讲一点我学习的体会和粗浅的认识，向史学界同仁请教。

一、论史学工作者的修养

关于史学工作者的自身修养，是侯外庐先生在史学领域中最为关注的问题。他在1961年发表的《在严格要求下从事科学研究工作》、1979年发表的《实事求是，搞好史学研究工作》与《提倡科学上的诚实态度》，以及1986年修改定稿的《侯外庐史学论文选集·自序》等文，都对此有所论述，他的基本观点是：

> 对待科学工作应该有严肃认真的态度、实事求是的科学方法。这就是说，研究任何问题都必须从实际出发，详细地占有材料，从这些材料中找出事物固有的内部联系，引出正确的结论。马克思列宁主义经典作家无论是研究现代社会的经济运动规律，探索历史的总的发展进程，或是研究某一个专门领域以至个别的历史实例，都严格遵循这种科学的方法。①

这里说的“严肃认真的态度，实事求是的科学方法”，是侯外庐先生关于科学工作者（包括史学工作者）自身修养的总

---

① 侯外庐：《在严格要求下从事科学研究工作》，见张岂之：《侯外庐著作与思想研究（第二十四卷）》，长春出版社，2016年版，第831页。

的认识。这一认识，是从马克思、恩格斯和毛泽东的有关论断中和他本人的学术生涯中概括出来的。

在此后的十余年中，尤其是经历了“文化大革命”后，侯外庐先生对史学工作者自身的修养，提出了更加明确的认识。首先，他强调学习马克思主义理论的重要性和迫切性。1979年，他在《实事求是，搞好史学研究工作》一文中指出：

> 建国以来，我们史学工作者做了不少的工作，其中有许多成功的经验，也有一些失败的教训。所有这些都需要我们深入地加以总结，作为我们进一步开展史学研究工作的借鉴。我们把经验总结起来，才能够彻底肃清“四人帮”的余毒。这两个方面是相互联系的。
>
> 我们的经验很多，集中到一点上，就是要加强马克思列宁主义、毛泽东思想的学习，坚持马克思主义的基本原则，坚持实事求是的科学精神。①

这是一位老一辈的马克思主义史学家，在经历了数十年的风风雨雨之后所总结出来的基本经验。他说的学习马克思主义和“彻底肃清‘四人帮’的余毒”，“这两个方面是相互联系的”，道出了20世纪70年代末和80年代初，思想界、理论界、学术界所面临的最紧要的任务。人们在痛定思痛之后，对于侯外庐先生所总结的经验教训，必然有强烈的共鸣，这就是：

---

① 侯外庐：《实事求是，搞好史学研究工作》，见张岂之：《侯外庐著作与思想研究（第二十四卷）》，长春出版社，2016年版，第855－856页。

> 我们讲要坚信马列主义、毛泽东思想对于史学研究的指导，就是要从马克思主义那里找研究历史的立场、观点和方法，绝不是要我们把马克思主义的个别词句当成抽象的公式和套语，去任意剪裁中国历史和世界历史，也不是要我们用马克思主义的个别词句去代替对于历史实际的具体研究。恩格斯说："我们的历史观首先是进行研究工作的指南，并不是按照黑格尔学派的方式构造体系的方法。"（《马克思恩格斯选集》第4卷，第456页）①

侯外庐先生明确指出，对于背离、破坏马克思主义的做法，必须坚决反对，予以揭露。然而，把马克思主义作教条主义的理解和做法，也必须予以纠正。这是从正反两个方面总结出来的理性认识。这一认识，对于正确评价中国马克思主义史学的历史，辨明其现实的道路和未来的前景，都是十分重要的。侯外庐先生的这一认识，在今天的史学界以至学术界，仍具有突出的现实意义。

其次，他强调史学工作者应具有科学上的诚实态度。侯外庐先生在1979年撰文指出："我们应当提倡科学上的诚实态度，反对科学上的卑鄙行为。我的这个意思并不是什么新东西，而是马克思主义创始人，早已经讲过多次的。"他进而对这句话做了如下解释：

① 侯外庐：《实事求是，搞好史学研究工作》，见张岂之：《侯外庐著作与思想研究（第二十四卷）》，长春出版社，2016年版，第856页。

> 什么是“科学上的诚实”？那就是“毫无顾忌地”尊重客观规律的科学精神。马克思在《剩余价值理论》（《资本论》第4卷）中称赞英国古典政治经济学家李嘉图的这种态度。他说：“李嘉图的毫无顾忌不仅是科学上的诚实，而且从他的立场来说也是科学上的必要。因此对李嘉图来说，生产力的进一步发展究竟是毁灭土地所有权还是毁灭工人，这是无关紧要的。如果这种进步使工业资产阶级的资本贬值，李嘉图也是欢迎的。如果劳动力的发展，使现有的固定资本贬值一半，那将怎样呢？李嘉图说：‘要知道人类劳动生产率却因此提高了一倍。’这就是科学上的诚实。”（《马克思恩格斯全集》第26卷，第2册，第125页）①

侯外庐先生认为，作为资产阶级的经济学家，在“人类劳动生产率”提高的面前，即使会导致“资本贬值”的结果，李嘉图在理论上说了真话，因此受到马克思的称赞。这就是“科学上的诚实态度”。当然，后来资产阶级为了维护自身的利益，还是丧失了这种“科学上的诚实态度”。可见，坚守这种“科学上的诚实态度”，并不是一件容易的事情。

侯外庐先生认为：同“科学上的诚实态度”相对应的，是“科学上的卑鄙”。他援引马克思的话做解释，写道：

> 什么是“科学上的卑鄙”？用马克思的话说，就

① 侯外庐：《提倡科学上的诚实态度》，见张岂之：《侯外庐著作与思想研究（第二十四卷）》，长春出版社，2016年版，第858页。

是："一个人如果力求使科学去适应不是从科学本身（不管这种科学如何错误），而是从外部引出的、与科学无关的、由外在利益支配的观点，我就说这种人'卑鄙'。"马克思把李嘉图和马尔萨斯做对比，尖锐地批评马尔萨斯是个"无赖""无耻的献媚者"，他为了资产阶级的特殊利益而在科学领域内伪造自己的结论，"这就是他在科学上的卑鄙"。（上引均见《马克思恩格斯全集》第26卷，第2册，第126－127页）[①]

在经历了"文化大革命"之后，尤其是目睹了"四人帮"对科学的践踏以后，侯外庐先生对马克思的上述见解有着更加深刻的认识，这就是：终生为追求科学而奋斗，为无产阶级最高利益而奋斗的马克思，在"科学"面前不容有半点虚伪，"诚实"的对应面便是"卑鄙"。唯其如此，提倡"科学上诚实态度"是多么重要。

再次，他强调史学工作者应具有自省的精神品质。侯外庐先生晚年写过这样一段话：

执行自我批判，聆听学术批评。我认为，学贵自得，亦贵自省，二者相因，不可或缺。前者表现科学探索精神，后者表现自我批判勇气。历史科学如同其它科学一样，总是在探索中前进的，难免走弯路，有反复，因而不断执行自我批判，检点得失，总结经验教训，是十分必要的。否则就会固步自封。就资质而

① 侯外庐：《提倡科学上的诚实态度》，见张岂之：《侯外庐著作与思想研究（第二十四卷）》，长春出版社，2016年版，第859页。

> 论，我是个常人，在科学道路上自知无捷径可走，惟砥砺自学，虚心求教，深自省察，方能不断前进。我和我的合作者可以互相改稿，没有顾虑。即或是青年同志，只要他们对我的稿子提出了意见，我总是虚心考虑，将不妥之处反复进行修改。仅以《老子》研究而言，我自30年代撰写《中国古代社会与老子》至50年代修订重版《中国思想通史》第一卷的20年间，曾四易其稿。每易一稿，都可以说是执行一次自我批判。①

读着这段话，我总是会联想到郭沫若的“自我批判”，联想到范文澜为他撰写的《中国通史简编》所作的长篇“检讨”文字，这难道不正是老一辈马克思主义史学家的共同品质吗！虚怀若谷，在反思和自省中不断进取，这是多么纯朴的学风和高尚的精神！这种品质、学风、精神，是史学工作者自身修养的崇高境界，永远值得后人敬仰、学习。

上述三个方面综合起来，是强调史学工作者在理论上和品质上修养的重要性，即正确的理论指导，“科学上的诚实态度”和“执行自我批判”的精神，是史学工作者在其学术生涯中要思考、要坚守的几个重要方面。

二、论历史研究的原则和方法

历史研究的基本路径、原则和方法，是侯外庐先生关注的

---

① 侯外庐：《侯外庐史学论文选集（上）·自序》，人民出版社，1987年版，第19页。

又一个重要的史学理论问题。

在20世纪60年代初与70年代末，侯外庐先生在特定的历史条件下，多次强调历史研究的基本原则。他认为，历史研究是一项科学工作，必须在严格要求下从事这一工作，指出："不论研究什么个别历史实例或社会生活问题，都必须首先充分地掌握一切有关的材料；即使是研究某个具体的细节的问题，也必须这样做。大量地占有材料，这是科学研究工作的出发点。只有在大量材料的基础上，科学研究工作才是'有的放矢'，才能获得成果；从分析大量材料中得出的结论，才会是正确的、有根据的。"① 这是一切研究工作的基础，在这个基础上，以诚实的、实事求是的态度开展研究，才有可能获得正确的结论。这就是上文讲到的"坚持马克思主义的基本原则，坚持实事求是的科学精神"。

关于历史研究的路径，侯外庐先生着重指出社会史研究作为基础研究的必要性。在这个问题上，侯外庐先生建立了他独特的理论要求，即"社会史研究，先从经济学入手"。"以历史唯物主义为指导的历史科学不能不从研究经济学开始。""我对于中国历史——无论是古代的奴隶制社会和中古的封建制社会——的研究，都是从'生产方式'这一经济学的基本范畴开始的。"② 侯外庐先生这一思想观念的形成，与他早年致力于马克思《资本论》第一卷的翻译有极大关系。与此密切联系的是，

① 侯外庐：《在严格要求下从事科学研究工作》，见张岂之：《侯外庐著作与思想研究（第二十四卷）》，长春出版社，2016年版，第833页。

② 侯外庐：《侯外庐史学论文选集（上）·自序》，人民出版社，1987年版，第9页。

侯外庐先生“对中国封建社会的研究，强调以法典化作为确定历史分期的标志。因为从封建专制主义国家的法典来研究土地所有权及其相应的地租形态，研究不同地租形态的转变过程、途径和为法律所固定了的型范，就能比较确切地反映整个封建社会历史发展的阶段性。”① 从“法典化”来判定“土地所有权及其相应的地租形态”，再从地租形态的“转变”与“型范”来判断“封建社会历史发展的阶段性”，这是侯外庐先生强调的“经济学研究”的具体化，由此达到认识“社会史”的目的。

侯外庐先生这一“社会史研究”的独特的理论要求，正是他研究中国思想史的路径。他对自己数十年的中国思想史研究做过这样的总结：

> 对中国思想史的研究，我以社会史研究为前提，着重于综合哲学思想、逻辑思想和社会思想（包括政治、经济、道德、法律等方面的思想）。应该指出，哲学史不能代替思想史，但是思想史也并不是政治思想、经济思想、哲学思想的简单总和，而是要研究整个社会意识的历史特点及其变化的规律，所以我的研究既注意每种思想学说的“横通”（即它与社会历史时代的联系），又注意它的“纵通”（思想源流的演变）；既注意思潮，也注意代表人物。②

---

① 侯外庐：《侯外庐史学论文选集（上）·自序》，人民出版社，1987年版，第10页。

② 侯外庐：《侯外庐史学论文选集（上）·自序》，人民出版社，1987年版，第11页。

这一段话非常重要，从我肤浅的认识来看，它把侯外庐先生研究中国思想史的路径、范围和关注点都讲到了。其中，关于“横通”和“纵通”的结合最为紧要：以时代为依托的“横通”，要求研究者对时代特点有准确的把握，在“存在”与“意识”的关系上做出符合实际的阐述；以时间为主轴的“纵通”，要求研究者对研究对象在历史发展中的演变有动态的观察。可见，要做的“横通”与“纵通”的合理结合，殊为不易。在中国史学上，司马迁讲“通古今之变”（司马迁：《报任安书》，见班固《汉书·司马迁传》），班固讲“上下洽通”（班固：《汉书·叙传下》），郑樵讲“会通之义”（郑樵：《通志》总序，见《通志二十略》上册），都是横通与纵通相结合，而经过郑樵对“会通之义”的阐发在史学上产生了重大影响。侯外庐先生继承并发展了这一优良传统，在中国思想史的研究上取得重大成就的同时，在理论上也深化了这一优良传统的内涵。

至于“既注意思潮，也注意代表人物”，这是否可以看作是对于“面”和“点”关系的处理。换言之，这是全局意识和把握重点的关系。比如，思潮对人有何影响，人在思潮中扮演着怎样的角色，二者形成辩证关系。讲思潮自当举出代表人物，不能泛泛而论；论人物必将其置于思潮中加以考察，不脱离大的背景。侯外庐先生总结的“既注意思潮，也注意代表人物”这一研究中的关注点，是辩证思维在研究工作中的具体运用，对于当今的史学界来说，尤其具有现实的指导意义。

侯外庐先生关于历史研究的路径和方法的理论，还突出地表现在对历史材料的论述方面。侯外庐先生在 1961 年发表《在严格要求下从事科学研究工作》，以主要篇幅论述了历史材料问题，在一定意义上可视为一部“历史材料论”的论纲。

论点之一：批评在科学研究工作中的两种“轻率态度”，一是“对历史实例或实际生活不做具体分析而主观任意地虚构出‘结论’和‘体系’的态度和方法”，二是“有些人对历史事例和实际问题不下苦功搜集和占有材料，不进行独立的艰苦的研究，只是一味图省事地把历史唯物主义的原理变成套语，套在他们所研究的事物上。他们以为只是用历史唯物主义的套语来把自己贫乏的历史知识尽快地构成系统，然后就可以自豪地去欣赏自己的功业”。[①] 他认为这两种“轻率态度”都违背了科学工作的要求。

论点之二：“对任何一个历史问题，任何一个实际问题，不从占有大量材料出发来做具体的研究，而搬弄一些抽象的概念，这是最简便不过的了，这样做是绝不会做出任何成绩来的。”[②] 这里一连用三个“任何”，可见在侯外庐先生看来，在重视材料这个问题上，是必要的、必需的，没有丝毫可以轻视、可以商量余地的。材料是历史研究的基础，空想和杜撰都不是真正的历史研究，都是与历史研究背道而驰的。反之，只有在占有大量历史材料的基础上，才能开始历史研究工作。

论点之三：关于“搜集和积累材料”的方法。侯外庐先生指出：“搜集和积累材料，大体上有两种情况，一种是从本问

---

① 侯外庐：《在严格要求下从事科学研究工作》，见张岂之：《侯外庐著作和思想研究（第二十四卷）》，长春出版社，2016 年版，第 831、832 页。

② 侯外庐：《在严格要求下从事科学研究工作》，见张岂之：《侯外庐著作和思想研究（第二十四卷）》，长春出版社，2016 年版，第 832 页。

题的材料向其他方面扩展，一种是从本问题的大量材料中抓住典型。”具体说来，前一种情况是：“一个历史实例的研究，必然联系到与本问题相关的若干方面，有时甚至联系到较远的方面。因此，除了掌握本问题的直接材料，还要旁及其他方面的材料。”这是材料范围的扩大。后一种情况是：“一个历史实例的材料十分丰富，那末，我们就不能对于一切材料等量齐观，无所选择，而必须在全面考察之中把握有决定意义的部分，进行重点分析。”① 这是要突出重点材料。概括说来，这两种情况，就是关于材料之面的扩大和材料之点的深入，侯外庐先生对此做这样细致的分析与阐说，足见他对于历史研究材料的重视。

论点之四：继承前人成果，丰富、提高自己。侯外庐先生指出：“要对材料做出缜密而正确的批判审查，还必须善于从文献资料中发掘和继承前人已有的研究成果，以丰富我们的知识，提高我们的概括能力。”② 这样做的结果，文献中保存的前人研究成果，也就变得有生命力了。侯外庐先生的这一论述，使我想到先师白寿彝先生有关历史资料“二重性”的说法。他在一次讲演中提出这一看法，认为：“历史资料，第一，它是记载过去的事情，记载过去的历史，同时，还是用于解释现在的资料。”“第二，历史资料不止是研究历史的资料，同时还是好多种学科研究的资料，它既是历史资料，又是当前进行一些

① 侯外庐：《在严格要求下从事科学研究工作》，见张岂之：《侯外庐著作和思想研究（第二十四卷）》，长春出版社，2016 年版，第 834 页。

② 侯外庐：《在严格要求下从事科学研究工作》，见张岂之：《侯外庐著作和思想研究（第二十四卷）》，长春出版社，2016 年版，第 835 页。

学术研究的资料。”因此，“我们可以把它叫做历史资料的二重性。”[1] 侯、白二位先生对历史研究的“材料”之用途与内涵，尽管在表述形式上不尽相同，但却存在着内在的联系，读来有许多启发。

论点之五：对材料进行综合和概括。对材料的认识从感性层面提升到理论层面，这就需要综合和概括。侯外庐先生指出：“对大量的材料进行具体全面的分析，又要加以综合和概括，运用科学的抽象力。”“离开科学的概括和抽象，就会淹没在大量的材料中，就不能深刻地揭示出事物的本质。”这是因为对事物的感性认识，一般只是认识事物的现象，只有理性认识才可能触及事物的本质。侯外庐先生进一步分析道：

> 运用抽象力来对材料进行研究，是科学研究工作必经的阶段。没有抽象，也就没有科学。虽然科学研究工作的起点在于搜集大量的材料，具体分析和整理这些材料，但是只有经过概括和抽象，才能将丰富的材料加以去粗取精、去伪存真、由此及彼、由表及里，发现事物内部的规律性，得出科学的结论。[2]

需要指出的是，侯外庐先生关于历史研究的原则、路径和方法的理论，不是相互割裂的，而是相互关联的整体，这一以

---

① 白寿彝：《白寿彝史学论集（上）》，北京师范大学出版社，1994年版，第308、309页。

② 侯外庐：《在严格要求下从事科学研究工作》，见张岂之：《侯外庐著作和思想研究（第二十四卷）》，长春出版社，2016年版，第836页。

“材料论”为主要内容的理论，值得史学工作者尤其是青年史学工作者学习、参考，使之与网络技术结合起来，必将大有裨益。

三、论历史研究的“生长点”

“生长点”好像是一个新的词汇，但侯外庐先生在20世纪60年代就使用了这个词汇。1962年，侯外庐先生在中央党校的一次“关于学习历史的方法”讲课中，首先就讲到了“历史科学的生长点的问题”。当然，他说的“历史科学的生长点的问题”，不是局部性的问题，而是全局性的、战略性的问题。侯外庐先生认为：

> 所谓历史科学的生长点，就是说在研究历史科学时，应从哪方面着手才能带动起整个历史科学发展的问题，就像很多科学的发展都是从近代物理学的发展而生长起来的一样。这是科学界要注意的问题，也是我们每一个人应该注意的问题。①

从这一论述来看，侯外庐先生是从时代出发，站在鸟瞰科学界的高度而提出“历史科学的生长点”问题。显然，这个问题的提出，既有它的历史时代性，也有它的现实性。侯外庐先生在20世纪60年代初提出这个问题，充分反映了一位马克思主义史学家的社会责任感和在科学上的战略眼光。

---

① 侯外庐：《关于学习历史的方法》，见张岂之：《侯外庐著作和思想研究（第二十四卷）》，长春出版社，2016年版，第839页。

那么，历史科学的生长点究竟在哪里呢？侯外庐先生从矛盾学说的角度做出说明，他认为："到底什么是我们的生长点呢？我看历史科学的发展，离不开批评、斗争；没有斗争就不能发展。这是主要方面。当然，其他方面，我们也要把握好，要掌握史料，不说空话。"① 侯外庐先生结合当时的历史形势，举出一些"生长点"同"斗争"的关联。联系到中国马克思主义史学发展的历史，不同形式的批评和斗争确实是存在的。这里，我想结合中国史学史的发展，说明"批评"对于"生长点"之产生的重要性。举例来说：班彪、班固父子对司马迁《史记》的批评而有《汉书》的撰写；唐太宗对十八家晋史的批评而有唐修《晋书》的面世；李大师、李延寿父子对南北朝官修正史的批评而有《南史》《北史》的撰成；欧阳修因不满于《旧唐书》《旧五代史》而著《新唐书》《新五代史》；郑樵批评班固"断代为史"、破坏了"会通"为史之义的传统而作《通志》；等等。这种实例，在中国史学史上举不胜举，显示出批评对于"生长点"的催生作用。从这个意义说，对中国史学批评史的研究，将有益于中国史学史研究的深入发展。

重温侯外庐先生关于"生长点"的论述，深感其立论高远，对学术发展有重要的启发意义。同时也促使人们产生许多联想。记得 1984 年，白寿彝先生发表一篇短文《中国史学史上的两个重大问题》，旨在提出问题，引发思考，推进中国史学史研究的深入。文章写道：

近两年，国内的形势很好，在某些战线上，大有

---

① 侯外庐：《关于学习历史的方法》，见张岂之：《侯外庐著作和思想研究（第二十四卷）》，长春出版社，2016 年版，第 843 页。

> 突飞猛进之势。在这样的新形势下，我们的史学史工作也应该甩掉旧的躯壳，大踏步前进，把新的史学史学科早日建立起来。这件工作牵涉的方面比较多，但我认为有两个重要问题，是应该多下点工夫及早解决的。这两个问题如果解决得好，史学史这门学科就可能面目一新。
>
> 我说的这两个问题，第一，是对于历史本身的认识的发展过程；第二，是史学的社会作用的发展过程。①

这里说的“甩掉旧的躯壳”，是指《四库全书总目提要》和一般“史书要籍介绍”的影响。作者认为对上述两个“重大问题”的研究、论述，将有利于中国史学史学科建设。这两个问题，一是史学家对历史的认识，一是史学家对史学的认识。中国史学史研究者如何说明历史怎样产生史学，以及史学如何反作用于历史这样一个存在与意识的辩证关系，实为中国史学史研究中的核心问题。当然，白寿彝先生并没有提出“生长点”的问题，但他的这篇短文确实起到了催生“生长点”的作用。诚如作者所解释的那样：“在中国史学史上，重要的问题不少，这两个问题，恐怕是当前更为重要的问题。在史学史的编撰上，一个史学家一个史学家地写，一部史学名著一部史学名著地写，这可以说是必要的，也可以说是研究过程中所难免的。但是否可以要求更高一些，要求更上一层楼，是否可以把这些以人为主、以书为主的许多框框综合起来，展示出各个历

① 白寿彝：《白寿彝史学论集（下）》，北京师范大学出版社，1994年版，第603页。

史时期史学发展的清晰面貌呢？这当然不容易，但总还不失为一个可以考虑的前进方向吧。”① 20世纪80年代中期以来，中国史学史研究有了新的发展，原因是多方面的，而这篇文章提出的问题所产生的积极影响，是其中一个原因。

从学术史的观点来看，侯外庐先生在五十多年前提出的“历史科学的生长点的问题”，可以说是一个永恒的问题，在今天仍具有现实的启示意义，这是因为学术总是在“日日新，又日新”的运行轨迹中前进，而寻求“生长点”就是寻求新的创造。

四、论人才培养与教学改革

任何一种学术要得到发展，人才是第一位重要的，至于学脉的传承、光大，人才的培养更是重中之重了。侯外庐先生在20世纪80年代伊始，发表了一篇题为《怎样造就社会科学研究人才》的文章，阐述了他独到的人才培养观，今天读来，颇使人感到振奋。

这篇文章开宗明义地写道：“我认为，科学人才的培养，除了大家熟知的要从难、从严、从实践出发和大运动量以外，还有几点要考虑。特别是社会科学研究如何出成果出人才，要注意下述四条原则。”② 侯外庐先生首先把人才培养的一般性要求

---

① 白寿彝：《白寿彝史学论集（下）》，北京师范大学出版社，1994年版，第605页。

② 侯外庐：《怎样造就社会科学研究人才》，原载《文汇报》，1980年6月28日，见张岂之：《侯外庐著作与思想研究（第二十四卷）》，长春出版社，2016年版，第869－870页。下引未注者，均见此。

做了概括，其中“大运动量”似是从培养优秀运动员的方法那里“借用”的术语，按我的理解就是“压担子”，使之有一种肩头沉甸甸的感觉和责任。

在这一般性的要求之外，侯外庐先生提出了四条原则，一是“‘热处理’，就是要趁热打铁”；二是“要注意‘文章、考核、义理’”；三是“注意培养尖子，不能搞平均主义”；四是“发扬民主精神”。不论是教师还是学科带头人，想必对这四条原则都会感到有兴趣的，而其中有的“原则”如“注意培养尖子”，可能是人们普遍讳言的。这里，我们不妨多了解一下第一条和第三条原则，以窥侯外庐先生的教育思想。

什么是“热处理”？侯外庐先生这样写道：

> “热处理”，就是要趁热打铁。对科研人员的培养要以“热处理”为主，即是说，一方面从难从严；一方面多加鼓励表扬，热情帮助。二者是不矛盾的。青年同志拿来一篇文稿，要给予具体指导，指出其可取之处，然后鼓励他进一步写好，要使他有信心，充分发扬他的积极性，不是给他泼冷水。以前，我对青年同志写的文章，初稿、二稿，一直到清样，我都要看过。培养一个青年不那么容易，是要花一番苦心和热心的。

从这一段文字中，从它的字里行间，可以看出一个老师、一位长者对于人才培养的重视及其浇注的心血！现在人们常常会讲到“爱”，我看这种“热处理”就是一种“爱”。同时，从这里，我们似乎也看到了一位思想史研究的大家和一位认真而仔细的老师之间，其实并无明显的界限。

关于“注意培养尖子”，侯外庐先生坦言：

> 注意培养尖子，不能搞平均主义。要通过尖子来带动其他同志。事物是不断变化的，尖子也不是固定不变的。谁走在科研工作前头，谁就成为尖子。每个同志都可能成为尖子。在某一方面走在前头，就成为某一方面的尖子。对于青年要注意他的“生长点”，发挥他的长处。每个人都有其“生长点”，发展起来就成为专长。

读了这一段关于“尖子”的理论，可以做这样的理解：第一，“尖子”有“带动”的作用；第二，“尖子”是可变的；第三，“尖子”是多样的；第四，“生长点”可能“成为专长”。用这种辩证的观点和教育理念来看待“尖子”和“培养尖子”，人们大可不必讳言而应积极赞同并身体力行。

侯外庐先生关于人才培养的思想和实践表明，不论在上述两条原则方面，还是在“文章、考核（考据）、义理”与“发扬民主精神”方面，都是行之有效、硕果累累。1960年在《中国思想通史》第四卷署名为“诸青”的几位青年学者，有的早已卓然名家；不仅如此，在侯外庐先生的再传弟子中也不乏知名学者，成为“侯外庐学派”的中坚力量。事实证明，侯外庐先生的人才培养思想的丰富内涵，在学科建设上尤其是在学术队伍建设上，具有重要参考价值和现实意义。

说到学科建设，它在很大程度上同教学改革相联系。而侯外庐先生在教学改革方面的理论与实践，正是构成他关于历史学学科建设理论与实践的重要组成部分。我们可以毫不夸张地说，在教学改革方面，侯外庐先生既有理论的阐发，又有实践的样板。他在1951年2月17日《光明日报》的“历史教学”专刊第1号上发表的《〈实践论〉是历史教学的最高依据》一文，是他的理论阐发，而他在北京师范大学历史系任系主任时实行的教学改革，则是他的实践样板。

侯外庐先生这篇文章中首先指出：

> 我们要做好历史教学，《实践论》才是我们新史学界治学的最高依据。哲学、经济学、历史学是三位一体的，隔断三者中间的关系，而孤立研究，正是旧史学界的局限，只有新史学才能从“认识与实践的关系”的最基础理论方面出发。①

历史教学是实践活动，侯外庐先生提出《实践论》是历史教学的“最高依据”，在两个方面具有指导意义，一是把历史教学置于正确的理论指导之下，强调了理论与实践的统一；二是在新中国成立初期，对旧有的历史教学体系进行改革，将是一个长期的、反复实践的过程。这反映了侯外庐致力于历史教学改革的方向、决心和睿智。

《〈实践论〉是历史教学的最高依据》一文的内容很丰富，从历史教学来看，有以下几点尤其值得关注：

第一，新中国的史学工作者，拥有马克思主义的历史科学

---

① 侯外庐《〈实践论〉是历史教学的最高依据》，见张岂之：《侯外庐著作与思想研究（第二十四卷）》，长春出版社，2016年版，第871页。

的“这一伟大科学的教养”，在历史教学领域大有可为。侯外庐先生怀着充分的信心写道：

> 是的，现在我们已经合法地可能掌握马克思主义的历史科学了（从前我们，有一段非法地运用马克思主义历史科学的痛苦时期），具有这一伟大科学的教养，我们可能脱去封建的资产阶级的狭隘观点，来论证历史。[①]

历史学由于马克思主义历史科学的出现而发生变化，史学工作者由于可以用马克思主义历史科学“这一伟大科学的教养”而发生变化，而历史教学由于上述两种变化而必将发生变化，侯外庐先生以这种欣喜的、自信的热忱激励广大的史学工作者和历史教学的承担者，希望大家看到这一历史发展潮流和历史科学发展的趋势，并在其中做出自己的贡献。

第二，在历史修养与历史教学的相互作用中，掌握历史的具体规律。侯外庐先生用他的思想家、理论家的笔触写道：

> 历史修养与历史教学是相互为用的，因此在历史教学之中，我们应该作为科学的实验去看待，预定好了的历史工程设计，还要在不断的试验中，检证它的真实性，事实上也没有一成不变的一次实验就可以达到预期目的，工程设计的局部或全部之改变，是在实

① 侯外庐《〈实践论〉是历史教学的最高依据》，见张岂之：《侯外庐著作与思想研究（第二十四卷）》，长春出版社，2016年版，第873－874页。

验过程中常有的事，在教学中正是这个过程，我们善于珍贵教学过程，就可能掌握住历史的具体规律。[①]

侯外庐先生说的“历史修养”，我想应包含两层意思，一是史学工作者对历史的认识和理解，二是对史学的认识和理解，这二者都与历史教学相关联。值得注意的是，侯外庐先生把历史教学的实践称为“历史工程设计”，其名既重，其行亦难，这是赋予历史教学以崇高的使命。这种对历史教学近乎庄严的态度，在当时是可贵的，在今天仍值得大力提倡。在“历史修养与历史教学”的反复互动过程中，逐步认识并掌握“历史的具体规律”，这是对历史教学所要达到的最高要求。

第三，历史教学始终面临着现实的使命。侯外庐先生指出：

然而历史教学者，又不能是一个客观主义者，为历史而历史，他必须在教学之中，适应现实社会的革命实践，善于把古人的历史实践与现在客观进展的革命运动联系起来，批判地解决历史中某一系列的发展规律，如抗日战争时代、解放战争时代、抗美援朝的今日，都有历史教学中特定的历史实践的发挥。这虽不是革命指导本身，然至少也是推进社会发展与革命需要的辅助部分。[②]

---

① 侯外庐《〈实践论〉是历史教学的最高依据》，见张岂之：《侯外庐著作与思想研究（第二十四卷）》，长春出版社，2016 年版，第 874 页。

② 侯外庐《〈实践论〉是历史教学的最高依据》，见张岂之：《侯外庐著作与思想研究（第二十四卷）》，长春出版社，2016 年版，第 875 页。

这一段话表明，历史教学讲的内容是过去的历史，但是它又承担现实的使命。这现实的使命，就是侯外庐说的“现实社会的革命实践”和“特定的历史实践”，前者是泛指，后者具有明确的针对性。我常常在想，研究历史，是要说明历史在现实中的意义；研究史学，是要讲清史学在社会中的位置，并为此大声疾呼。读了侯外庐先生的上面这段话，在理论上又有了进一步提高，即如何在“古人的历史实践”与现实“特定的历史实践”二者中思考其联系，使历史研究、历史教学不脱离当前的社会和历史进程，是史学工作者应当身体力行的社会责任。

《〈实践论〉是历史教学的最高依据》一文发表已经五十多年了，它至今仍然是论述这一问题的最有代表性的论文，可以常读常新，在指导历史教学工作中发挥作用。

侯外庐先生关于历史教学所发表的这些重要理论，都是建立在丰富的教育实践基础之上的。新中国成立之初，他作为北京师范大学历史系在新中国成立后的第一位系主任，从 1949 年 4 月至 1951 年初，在不到两年的时间里，他以马克思主义为指导大力开展教学改革，取得重要成果。20 世纪 80 年代初，曾任侯外庐先生当时的学术秘书刘淑娟先生，按照白寿彝先生的嘱咐，根据档案资料，撰写了《侯外庐同志在北京师范大学历史系》一文，发表于《史学史研究》1982 年第 3 期。这里，我转述此文的一些要点，从中约略可见侯外庐先生在教学改革方面缜密的思考和教育家的本色。

文章开篇有这样一段话：

外庐同志在师大历史系工作的这一段时间，正是新中国成立前后这个伟大历史转折的难忘岁月。外庐同志在师大历史系的工作是平凡的，但又是不平凡的，它包含着这样的意义：怎样改造一个旧的历史系和怎样创办一个新的历史系。①

这一段话，把侯外庐先生在北京师范大学历史系近两年工作的意义概括得非常中肯。下面是这篇文章中所写到的几件事：

——为1949年应届毕业生"补课"。应学生们的要求，侯外庐先生亲自讲授《社会发展史》《辩证唯物论和历史唯物论》两门课。同时侯外庐先生还邀请楚图南、王亚南、翦伯赞、邓初民等先生来讲大课。1949年应届毕业生收获很大，十分满意，几十年过去，都怀念当时"补课"的情景。

——大力推行教学改革。1949年9月进入新的学年后，侯外庐先生有计划地开展教学改革工作，文章写道：侯外庐同志大刀阔斧地开展教学改革工作。他先后聘任白寿彝、马特、杨绍萱、张云非、王真、刘立凯、缪楚黄、郭大力、何思敬、陶大镛等为专职教授或做专题报告。经侯外庐同志多方努力，历史系教师阵容为之一新，开创了学术研究的风气，教学质量也逐步提高，同学们都非常高兴。

——有计划地指导教师们学习马克思主义，他用"共同纲领"来统一认识，并亲自写了一个条幅悬挂在历史系办公室，内容是："中华人民共和国文化教育为新民主主义的即民族的、科学的、大众的，提倡用科学的历史观点研究和解释历史、经济、政治、文化及国际事务，奖励优秀的社会科学著作。"他

① 刘淑娟：《侯外庐同志在北京师范大学历史系》，《史学史研究》，1982年第3期。下引未注者，均据此文，不另注。

还现身说法，真挚地给教师们介绍自己学习马克思主义的体会，使不少教师受到启发。这期间，他在全系开设《中国历史的物质基础》和《历史唯物论的研究与应用》两门课程，全系学生都去听讲。同时，他还要求教师们认真读一本经典著作，在此基础上开座谈会，谈体会和收获。他的理论造诣和工作方法，使广大师生为之折服。

——成立“中国通史教学小组”，白寿彝先生任组长，陆懋德先生任副组长，还有张云波先生、陈述先生与本文作者刘淑娟先生。小组的工作是：审查、讨论和通过教学大纲，互相听课，举办“教学总结座谈会”，学生提意见、提要求、提问题、展开讨论等内容。这个小组的工作及其效果，产生了深远的影响。

——在侯外庐先生的建议下，创立了教师辅导制度。直到20世纪60年代初，还保留着这种辅导制度。

——亲自抓学生的教育实习，并总结出了十六字原则：“集体备课，老师指导，课后总结，错不再犯”。这为教育实习提供了经验。

侯外庐先生对于他所担任的系主任工作，认为是“党的事业，刻不容缓；党的委托，责任重大。”由于侯外庐先生的努力工作和师生的支持，历史学面貌有了很大的变化。刘淑娟同志十分自豪地回顾了这一段历史，写道：

> 教育部向全国高等学校推荐了师大历史系教学改革的经验，并组织北京的兄弟院校的同志到历史系参观、学习。《光明日报》在一九五〇年的一年中，连续发表了五篇报道和文章，介绍师大历史系的教学改

> 革情况，它们是：《师范大学历史系教授集体教学受到欢迎》（3月31日）、《开展师生的批评与自我批评——介绍师大“中国通史教学小组”召开的师生座谈会》（5月7日）、《改进中的北京师范大学历史系（关于历史系教学小组的调查报告）——中央人民政府教育部全国高等教育会议参考资料之一》（6月3日）、白寿彝同志文章《对于大学历史课程和历史教学的一些实感》（6月7日）、《师大历史系的集体教学实习制》（6月10日）。所有这些，无疑都是对师大历史系教学改革工作的肯定和赞扬，对历史系的同志们来说，这当然是很大的荣誉。

这就是侯外庐先生带领北京师范大学历史系师生在新中国成立后迈出的坚实的一步。

——关怀和勉励年轻人。侯外庐先生对他的秘书十分关心，勉励她刻苦钻研，学有所成，并为她题写了条幅：“锲而不舍，金石可镂；锲而舍之，朽木不折。”本文作者刘淑娟先生写到这里，心情异常激动，于是她说要把侯外庐先生的赠言转赠给现在的年轻人，希望他们锲而不舍，在学术上和其他事业上有所成就。

本文作者最后写道：

> 三十多年过去了，北京师大历史系又有了许多新的发展和建树。但是，人们不会忘记外庐同志作为新师大历史系第一任主任在这里工作的那些日子，不会忘记外庐同志为创办一个新型的历史系所付出的艰辛

劳动和取得的重大成绩!

千里之行，始于足下。那最初迈出去的第一步，总是值得永远纪念的。

当读到刘淑娟先生所写的这些往事后，我们不禁为侯外庐先生的改革精神所感动，所震撼！在新旧交替之际，改革需要智慧，更需要勇气和魄力，需要人们的理解和支持。侯外庐先生拥有这些条件，他是教学改革的成功者，不愧是新中国的第一批马克思主义的高等教育改革家。[①] 同时，我也无比钦佩侯外庐先生善于从实践中总结理论，又以理论反过来指导实践的马克思主义的学风、作风和知行观。

五、结　语

1946 年，侯外庐先生在《中国古代思想学说史》一书的《再版序言》中写道：

中国学人已经超出了仅仅于仿效西欧的语言之阶段了，他们自己曾活用自己的语言而讲解自己的历史

① 张岂之先生曾撰《学习侯外庐先生的教育思想》一文，指出：“侯外庐先生是我国当代马克思主义思想家、史学家、教育家，他不仅在学术领域里著述宏富，成就卓绝，而且在长期的办学育人的教育实践中，提出过很多很少为人注意的理论观点。建国以后，他被任命为西北大学校长，在他主持西北大学校政的几年时间，他系统地阐述并部分地实践了他自己的教育理论和教育思想。”（见中国社会科学历史研究所中国思想史研究室、西北大学中国思想文化研究所：《纪念侯外庐文集》，陕西人民教育出版社，1991 年版，第 14 页。）

> 与思潮了。从前他们讲问题在执笔时总是先取欧美和日本的足迹，而现在却不同了。他们在自己土壤上无所顾虑地能够自己使用新的方法，掘发自己民族的文化传统了。我以为歧路是暂时的，不久将来就能明白孰正孰偏。同时我相信一方面的研究会在业绩方面呈现于全世界的文坛，虽则说并不脱离其幼稚性，而安步总在学步之时可以看出来的，问题在于从前仍然限十九世纪以前的步伐，语言形式重于内容，而现在则是内容更重于语言形式了。[①]

四十年后，即1986年，侯外庐先生在《侯外庐史学论文选集·自序》的修改稿中保留着这样一段话：

> 注意马克思主义历史科学的民族化。所谓“民族化”，就是要把中国丰富的历史资料，和马克思主义历史科学关于人类社会发展的规律，做统一的研究，从中总结出中国社会发展的规律和历史特点。马克思主义历史科学的理论和方法，给我们研究中华民族的历史提供了金钥匙，应该拿它去打开古老中国的历史宝库。我曾试图把中国古代社会研究，看作是恩格斯关于家庭、私有制和国家起源问题的理论在中国引申和发展。而这项工作不是我个人所能做到的，但却心向

① 侯外庐：《中国古代思想学说史》，见张岂之：《侯外庐著作与思想研究（第八卷）》，长春出版社，2016年版，第1页。

往之。①

上引这两段话，给我们提供了一个重要的学术信息，即侯外庐对于中国历史文化深厚的情怀和充分的自信。从“活用自己的语言而讲解自己的历史与思潮”，到“把中国丰富的历史资料，和马克思主义历史科学关于人类社会发展的规律，做统一的研究，从中总结出中国社会发展的规律和历史特点”，其间，时间的跨越并没有改变这位大家的学术旨趣，而是使这一旨趣变得更加清晰了，这就是“马克思主义历史科学的民族化”或马克思主义史学中国化。

通观卷帙浩繁的《侯外庐著作与思想研究》，从《资本论》第一卷的中译本，到《近代中国思想学说史》的影印本，其间贯穿着侯外庐先生“‘韧’的追求”，不正是“马克思主义历史科学的民族化”么！这也正是侯外庐先生留给后人的学术遗产和精神遗产。

---

① 侯外庐：《侯外庐史学论文选集（上）·自序》，人民出版社，1987年版，第18页。

侯外庐史学的创新精神与侯外庐学派

任大援
（中国艺术研究院）

侯外庐先生逝世已经近30年，在《侯外庐著作与思想研究》（33卷）出版之际，我们缅怀这位令人尊敬的史学前辈，再次抚读外庐先生洋洋千余万言的巨著，回顾外庐先生在学术上的坎坷经历和他不懈的“韧的追求”，感慨油然而生。

侯外庐先生以凌轹古今的气势，进行历史上下五千年的探索，其学术研究的最大特点，是一生勇于创新，决不流俗。具体表现在两个方面，一个是一以贯之的深刻理论色彩；另外一个是社会关注，在充分把握社会史的基础上来把握思想观念。他所领导的“侯外庐学派”，继承了他的创新精神，为中国当代学术史做出了贡献。

一、“有志为他人无志所为”

学术上的创新，首先是理论上的创新。而理论上的创新，没有极大的勇气与功力，是难以完成的。侯外庐先生曾经说过，“外庐有志为他人无志所为”，就指的是勇于开拓、超越前人的精神。

侯外庐先生治史，是从理论研究开始的。出生于1903年的侯外庐先生，“五四”时期正是一个“热血青年”，他热衷于学生运动，创办地下刊物《下层》，并在北京结识了李大钊先生。其实在青年时代，他对理论就有一种特别的偏好，因此，当李大钊先生希望他参加左派国民党组织，在其中为党做一些工作时，他却表示了坚定的理论研究的兴趣，“很想先在理论上追求真理”①，并希望从翻译马克思主义原著入手。李大钊赞同他的想法，从此，侯外庐走上了理论探索的艰苦卓绝之路。

翻译《资本论》，是侯外庐先生理论探索的第一步。在20世纪20年代的社会环境和学术条件下，对于一个24岁的青年而言，要翻译这部马克思主义的政治经济学巨著，是一件非常困难的事情。而侯外庐先生以其极大的理论勇气一往直前，而且坚持了整整十年。侯外庐先生在晚年回忆起这件事时说，“我一生事业的起点，恰恰就是始于在万难之中挑起这副重担。”② 而侯外庐先生把这项工作选择在法国进行，一方面是受到当时国内进步青年到法国勤工俭学的影响，更重要的是，他要在法国的自由学术空气中借助德文《资本论》的原著来进行翻译。在国内，侯外庐先生已经买到了《资本论》的英文版和日文版，而在法国的翻译，他以恩格斯审定的《资本论》德文第四版为基础，参照英、法、日等译本进行工作。对于后三种文字，侯外庐先生都有一定的基础，但对于德文，他则是从头学起，加之生活的窘迫，可以想见，没有极大的毅力和信念是根本无法完成这一艰巨工作的。除了语言上的困难以外，《资本论》的翻译需要广博的知识，侯外庐先生在法国，还广泛学习了西方古典哲学、哲学史、政治经济学、经济史、莎士比亚的戏剧、歌德的诗，以及数学、机械学等。侯外庐先生称这种

① 侯外庐：《韧的追求》，三联书店，1985年版，第14页。

② 侯外庐：《韧的追求》，三联书店，1985年版，第19页。

学习为“补课”。其中特别是哲学和经济学，他是下了相当大功夫的。这种对理论的执着与追求，需要超人的勇气，在一本翻译的手稿首页，侯外庐先生写下了“外庐有志为他人无志所为”，这的确是肺腑之言。在巴黎，他每天工作十六七个小时，除了上图书馆，除了为党做一些必要的工作外，几乎足不出户。巴黎是西方文化荟萃之地，侯外庐先生在巴黎附近生活了三年，一次不曾参观过卢浮宫、凡尔赛宫之类的名胜，一次没有进过剧场去欣赏法兰西的戏剧和音乐。他写道：“我只有远望埃菲尔铁塔，而从未得闲去登临其巅。我把在法国享受到祖国所享受不到的自由，全部献给了学习和翻译《资本论》的工作。”① 侯外庐先生在法国用了两年时间，译完了《资本论》第一卷二十章。回国后，他又与王思华合作，重译《资本论》，并于1932年9月在当时的北平出版。

侯外庐先生翻译《资本论》，是现代学术史上的一段佳话，然而却鲜为人知，其原因之一，是因为人们想不到一位史学家的工作竟是从研究翻译《资本论》开始的。在中国现代学术史上，这样的案例也找不到第二个。侯外庐先生研究翻译《资本论》，根本的目的不是从事经济学的研究，而是以此为工具更好地认识中国古代历史。在以后一生的研究生涯中，侯外庐先生始终坚持并得益于这一特色。

20世纪20年代以来，随着新文化运动的兴起，对中国古代历史文化特点的讨论日益增多，也出现了一些权威的学者和论著，而梁漱溟先生就是其中的一位佼佼者。从20世纪20年代末到40年代末，他写了《东西方文化及其哲学》《中国文化

---

① 侯外庐：《韧的追求》，三联书店，1985年版，第20页。

要义》等一系列著作，对中国古代文化的特点做了条分缕析的论述，同时也概括了当时有代表性的各种观点，提出了中国文化的 14 个特征。在此基础之上，梁漱溟先生又提出“理性早启”“文化早熟”是中国古代文化的基本特征。[①] 其基本观点是：中国人在孔子的时代就有见于人类生命的和谐，人类与宇宙的和谐，形成了“伦理本位”的社会。伦理关系始于家庭，而不止于家庭，从父母兄弟开始，由近及远，儒家将一切社会关系纳入到伦理关系，其结果是，“纳国家于伦理，合法律于道德，而以教化代政治”。[②] 梁漱溟先生指出，当西方还处于中世纪的宗教蒙昧时期，中国人早已用“道德自觉”的理性代替了宗教。因此，在中国古代，“理性”是“早启”的。他指出了一个事实，即中国古代的“理性”，早于西方的一个历史时代而发生。[③] 梁漱溟先生的上述观点，颇具启发意义，但问题是，在中国古代，为什么会发生“理性早启”“文化早熟”？梁先生在这点上却缺乏相应的分析，他说，“或问，此早熟又由何来？早熟就是早熟，更无谁使之早熟者。”[④] 对这个问题的研

① 梁漱溟：《中国文化要义》，见《梁漱溟全集（第三卷）》，山东人民出版社，1990 年版，第 256 页。

② 梁漱溟：《中国文化要义》，见《梁漱溟全集（第三卷）》，山东人民出版社，1990 年版，第 137 页。

③ 这里的所谓的“理性”，是借用西方的广义的理性主义的概念，即自文艺复兴开其端，在 17 至 19 世纪的提倡理性、反对宗教蒙昧的进步思潮。在中国，先秦时期的儒家就开始不相信上帝与鬼神，因此称之为“理性早启”。

④ 梁漱溟：《中国文化要义》，见《梁漱溟全集（第三卷）》，山东人民出版社，1990 年版，第 305 页。对这个问题的研究，侯外庐先生从对中国与西方进入“文明社会”路径不同的分析入手，得出了合理的结论，见《中国思想通史》。

究，侯外庐先生则充分展示了他的理论分析特色。他从对中国与西方进入“文明社会”（按：指奴隶制社会）路径不同的分析入手，认为：以希腊为代表的“古典的古代”和中国古代社会，代表了人类社会进入奴隶制社会的两种不同的类型，前者是从家族到私产再到国家，国家代替了家族；而后者则是从家族到国家，国家混合在家族里面，就是所谓的“社稷”。所以，前者是新陈代谢，新的冲破了旧的，是革命的路线；后者却是新陈纠葛，旧的拖住了新的，是维新的路线。侯外庐先生还引用《尚书》中的话说，中国古代进入文明社会是“人惟求旧，器惟求新”，而西方古典的古代则是人唯求新，器唯求新。

外庐先生的上述分析，是在他研究《资本论》和政治经济学，参照恩格斯《家庭、私有制和国家的起源》《反杜林论》，以及马克思《政治经济学批判大纲（草稿）（1857—1858 年）》等一系列著作的基础之上，对中国古代的历史资料以及王国维、郭沫若的古史研究成果批判继承的结果，也是他对 20 世纪 20 至 30 年代关于中国社会史问题论战的一个研究结论。关于 20 世纪的那场论战，涉及的问题很广泛，其中的一个核心问题，是关于“亚细亚生产方式”的讨论①。围绕这一问题，还包括中国历史是否经过奴隶制阶段的问题，中国封建社会的界定以

① “亚细亚生产方式”，是马克思在 1859 年 6 月的《政治经济学批判》一书的序言中提出的，原文是：“大体说来，亚细亚的、古代的、封建的和现代资产阶级的生产方式可以看做是社会经济形态演进的几个时代。”后来，在《政治经济学批判大纲（草稿）（1857—1858 年）》中，对亚细亚生产方式又有专节论述。此后，在前苏联、中国和日本，对这一提法以及中国社会史问题，展开了一场大规模的讨论，关于这场论战的详细情况，已故的何干之先生有专著《中国社会史问题论战》一书，收入《何干之文集（第一卷）》，北京出版社，1993 年版。

及中国封建社会的历史断限和特征问题，等等。侯外庐先生关于这些问题的研究成果，是运用马克思主义理论研究中国历史实际问题的一个典范，对中国古代史及思想史的研究产生了重要影响。

侯外庐先生的上述研究，因为使用了“亚细亚生产方式”这一马克思提出的用语，因而被一些人当作生搬硬套的马克思主义教条。实际上，如果我们细读《中国古代社会史论》等著作就不难发现，侯外庐先生并不是拘泥于某种条条框框，而是在努力寻找中国古代社会的特殊性。而这种思路的一个前提是，他坚信人类历史发展的规律性。侯外庐先生的这种“理论偏好”，使他在处理历史（包括思想史）材料时，非常强调把材料放到一定的历史环境中加以考察，他在对鲁迅的研究和对老子的研究中，都可以找到这方面的例子。

这里举侯外庐先生对《老子》进行研究的一例。

《老子》书第十一章中有这样一段话：“三十辐共一毂，当其无，有车之用；埏埴以为器，当其无，有器之用；凿户牖以为室，当其无，有室之用。故有之以为利，无之以为用。”

这段话中的“有”和“无”究竟是什么意思？历来的解释都不够令人满意。[①] 英国学者、著名中国科技史专家李约瑟抗日战争时恰好在中国重庆，他就此问题向侯外庐请教，侯外庐

---

① 今人陈鼓应所作《老子注译及评价》（中华书局，1984 年版，第 104 页）对这一章的注释中，引用了王弼、王安石、张松如、冯友兰等人的看法，他综合这些看法，注解为：“三十根辐条汇集到一个毂当中，有了车毂中空的地方，才有车的作用。揉和陶土做成器具，有了器皿中空的地方，才有器皿的作用。开凿门窗建造房屋，有了门窗四壁中空的地方，才有房屋的作用。所以‘有’给人便利，‘无’发挥了它的效用。”

的回答是：

> “当其无”，表示的是某个特定历史发展阶段所具备的条件。“有”和“无”在此处应该理解为时间概念。
>
> 所谓“无”，就是指生产力低下，车、器、室等一切产品不属于个人的特定的历史阶段，也就是“非私有”的时代。在这个时代，车、器、室等劳动生产物，只单纯地表现为有用物，由人们共同生产，共同占有，用政治经济学的术语说，只有使用价值。故曰“无之以为用”。
>
> 所谓“有”，就是：“无”的历史阶段的对立物，是生产品属于个人，也就是“私有”的时代，车、器、室等劳动生产物，在一定条件下可以变作商品，具有交换价值，而交换价值表现为“利”的关系。故曰“有之以为利”。[①]

上述观点，是侯外庐先生研究老子经济思想和社会思想的起点。它引起李约瑟的极大兴趣，后来，在李著的《中国科技史》第二卷（科学思想史部分），就采用了侯外庐的观点。[②] 侯外庐先生上述思想的产生，不是偶然的。他对老子的研究开始得很早，但对此章的各种注说，一直心怀疑虑，后来他到法国译读《资本论》时，不仅把握了商品、交换等一系列理论，同

① 侯外庐：《韧的追求》，三联书店，1985 年版，第 146 页。

② 中国科学技术史（第二卷）》，科学出版社、上海古籍出版社，1990 年中译本，第 123 – 124 页。

时又看到马克思对古希腊亚里士多德价值观念的分析，才使他坚定了这种看法。他认为，如果说在古代西方，亚里士多德最早发现了商品的概念，那么在古代中国，则是老子最先发现了商品概念。

侯外庐先生关于《老子》第十一章的上述观点，并没有被普遍接受，但是，与具体的论断或结论相比，我们更看重的，是侯外庐先生擅长以理论的眼光审视历史文化现象的学术特色。统观《中国思想通史》，侯外庐先生对中国古代社会史和思想史研究的一系列结论，都因其闪烁着理论的智慧光芒而引起人们经久不衰的兴趣。①

遗憾的是，在当代学者中，真正对理论下如此之大功力的人，已经为数不多了。因此，我们今天鼓励创新，应该向侯外庐先生学习，从理论的源头做起，“有志为他人无志所为”。

二、强烈的现实关怀

前面已经指出，强烈的社会关注，在充分把握社会史的基础上来把握思想观念，是侯外庐先生创新精神的另一个重要表现。

侯外庐先生走上史学研究的一个切入点，是20世纪20到30年代的关于中国社会史的大论战。这场大论战所讨论的问题，表面上是历史问题，实质上都和中国的现实问题息息相关。

---

① 这些问题除了关于亚细亚生产方式的问题以外，还包括：关于氏族制的残余和家、室的意义问题；关于中国城市国家的起源和发展的问题；关于古代先王的问题；关于封建土地制的法典化与中国历史分期的问题；关于封建土地国有制的问题；关于豪族地主与庶族地主的问题；关于资本主义萌芽的问题；关于封建社会农民战争的特点问题，等等。

特别是大革命失败之后中国向何处去的问题。侯外庐先生正是带着对中国现实的强烈关怀踏入了研究领域的，在他以后的几十年学术生涯中，都没有脱离对中国现实社会的关心。

在20世纪40年代，侯外庐先生在完成《中国古代思想学说史》之后，立刻开始撰写《中国近世思想学说史》，包括从明末清初的王夫之、黄宗羲、顾炎武到清末民初的王国维。他在晚年回忆说，“研究和撰写这一段思想史，我感到有强大的动力在推动自己”，“‘近代’的研究更能为革命斗争的需要服务，这一点颇令人鼓舞”。[①]

我们知道，侯外庐先生开始思想史学的研究，是在抗日战争前后。反帝与反封建，是当时中国革命的主题。侯外庐先生决不是一个书斋里的学者，而是一个擅长将现实关怀融入学术的战士。但这种关怀和融入，不是喊口号，不是两张皮，而是有一种确定的立场，有一面鲜明的旗帜。在中国思想史的研究中，“异端”思想、“启蒙”思想，为侯外庐先生所特别看重，浓墨重彩地加以表彰，正是这种特征的一种表现。

异端思想，是侯外庐先生研究中国中世纪思想史的一个重要看法。“异端”，是“正统”的一个反义词，侯外庐先生指出：“有正统思想的‘法度’化和庸俗化，就会产生反抗正统思想的‘异端’”[②]。他认为，罢黜百家而独尊儒术的汉武帝是中国封建制社会完成时期的人物，他的“法度”使正统思想确立起来，这是中世纪历史法典化的产物。《中国思想通史》第二卷对汉代异端思想的分析，具有典型的代表性。

---

① 侯外庐：《韧的追求》，三联书店，1985年版，第290页。

② 《中国思想通史（第二卷）》，人民出版社，1957年版，第160页。

侯外庐先生论述汉代的异端思想，虽然主要集中在第二卷第五章，但他以三万六千余字的篇幅，写第一章“汉代社会与汉代思想”，涉及生产方式、豪族地主、土地国有制及其法典化、统治阶级内部矛盾及与农民的矛盾等等。特别是统计了汉武帝以来至汉末的七十五次年号，“元”字有多少，“初”“始”二字有多少，“永”字有多少，“建”字有多少，“和”“平”二字有多少，等等，并思考这些语汇在五经中的根据等，从而了解通过年号所反映的汉代以来的支配思想。

在另外一个侧面，侯外庐先生从这些年号由三公博士们所援引，来说明这种支配思想是从秦设博士官开始的，这种为统治阶级服务的思想家，在汉代叫作“儒林”人物。在汉学思想史的背景中，侯外庐先生特别注意两类人物，就是“酷吏”与“儒林”。在第二卷第五章，侯外庐先生说：

在中国第一部伟大的史书里（按：指《史记》），发抒了个性嶙峋的批评，尤其在讲制度的平准书与货殖游侠二列传，讲思想的儒林酷吏二列传，栽植下汉代唯物主义思想的根苗，以后桓宽撰述《盐铁论》所暴露的思想矛盾，多模仿平准书的论断，反映出武帝以来的社会矛盾。

在思想史研究中，对历史背景下如此之大的功夫，在思想史、哲学史著作中是绝无仅有的。

正是由于这样的分析，侯外庐先生才能指出两汉“正宗思想”的几个特征，即第一，良家子弟之于六艺“尔雅”，犹之乎西洋经院学者之于古希腊拉丁教条，由秘传“师法”“家法”的特殊基尔特制（按：基尔特 guild，指“行会”），形成了中国中世纪的经学的笺注主义。

第二，汉代的正宗思想已经走向神秘宗教的领域，阴阳谶纬的神学就表现成为汉代统治阶级的精神麻醉剂。复古与伪造笼罩住汉人的逻辑思考。

第三，由豪门阀阅的家学演化而为特殊的弟子传授制度。

第四，学术与秩禄的不可分离，是汉代正宗思想的特点。博士官之争立，表面上是为了正宗思想的法度化，其中却包含着博士们官禄荣利的捷径。

第五，从秦汉起，中央专制主义的政权建立起来，因此，五德三统的神权说，图谶纬侯的宗教说，都为“王霸道杂之”的绝对王权做了精神统治的武器。

关于中国封建社会（中世纪）的特点，侯外庐先生指出，在西洋中世纪，皇权与教权是分立的，而在中国中世纪，则皇帝统一了教权皇权，石渠阁（按：指汉宣帝时在石渠阁讲论“五经之异同”，确立汉代官方指导思想）的会议可为代表，这是吸取并复活中国古代（学在官府）的传习而复转变成中世纪的制度。

侯外庐先生将汉代的“异端”思想划分为三个时期。第一个时期，以贾谊开其端，贾谊的《过秦论》，不仅是对秦代的批评，也是对汉代的批评。他从历史的教训之中，强调了儒家对古制的观点，而在其思想血脉中又保留着道家的狂士传统，因而离开现实更远，走进了理想主义的道路。他超俗的理想被司马迁赞为“其志洁、其行廉”的抗议思想。司马迁在中国第一部伟大的史书里，发抒了个性嶙峋的批评，尤其在讲制度的平准书与货殖游侠二列传，讲思想的儒林酷吏二列传，栽植下汉代唯物主义思想的根苗，以后桓宽撰述《盐铁论》所暴露的思想矛盾，多模仿平准书的论断，反映出武帝以来的社会矛盾。贡禹的奏议更归纳成为原则，把汉代说成是阴暗无日的世界。

这是汉代异端精神的第一期。

从桓谭到王充，是第二期。这一时期的思想更深刻地形成唯物主义和无神论的思想体系，可称之为名副其实的异端思想，而与统治阶级谶纬迷信的合法正统（白虎观的神学）正相对立。

第三期有汉末的唯物主义思想家王符、仲长统等人，他们对法律道德的批判以及政治批判，则更指出了不可挽救的社会矛盾，导致了现实的危机，王朝的崩溃。

侯外庐先生用“异端”与“正统”的斗争来梳理中国封建社会的思想史，表现了他“通古今之变”的社会史观。在这种认识的指导下，他对历史人物及其思想的认识，不仅有许多给人以启迪的新角度（例如对贾谊、司马迁、王充等人的评价），而且还发掘出许多不被人所重视的“异端”思想家，大大丰富了中国思想史的内容。他坚信历史发展的规律性，古今是相通的。因此，在侯外庐先生的思想中，对古代进步思想的讴歌与其在现实生活中的反封建立场是紧密相关的。

对中国历史上启蒙思想的研究，是侯外庐先生在中国史研究上的一大贡献。中国古代的启蒙思想，既可以从“异端”的角度来理解，但它更是新时代到来之前的思想曙光。“中国早期启蒙”的提法，确立于侯外庐先生抗日战争时期所写的《中国近世思想学说史》，之后又不断地加以完善和补充。① 侯外庐先生指出：“中国启蒙思想开始于十六、七世纪之间，这正是‘天崩地解’的时代。思想家们在这个时代富有‘别开生面’

① 《中国近世思想学说史》一书，初版于1945年重庆三友书店，1947年改名为《近代中国思想学说史》，由上海生活书店再版，20世纪50年代中期，又将其中从明末到鸦片战争前的部分单独修订成书，改名为《中国早期启蒙思想史》，列为《中国思想通史》第五卷。

的批判思想。”[①] 这种“别开生面”的批判思想，侯外庐先生又称之为“个人自觉的近代人文主义”。早期启蒙思想研究的现实理论意义在于，它从历史角度，证明了中国有自己内在的早期现代化萌芽，从而驳斥了国际上普遍存在的中国社会自身不可能产生出现代性因素的西方中心主义偏见。而启蒙思想家“别开生面”的批判思想，又是对革命现实斗争的一种鼓舞。

侯外庐先生晚年主持的最后一项史学研究工作，是《宋明理学史》。这项工作在20世纪80年代开始进行时，侯外庐先生已经不能工作，而由邱汉生先生和张岂之先生主持完成。但从这个选题中所表现出的侯外庐先生对学术热点问题的关注，却值得注意。

早在1959年，在侯外庐先生主编《中国思想通史》第四卷的时候，他就开始酝酿《宋明理学史》的写作，尔后由于众所周知的原因，这项计划未能在“文革”以前实现。侯外庐先生在20世纪50年代末期把研究兴趣转向宋明理学，不是偶然的。实际情况是，海外的新儒家，正是从这个时期开始了对宋明理学的特别关注。1958年年初，牟宗三等人在香港联名发表了《为中国文化敬告世界人士宣言》，[②] 可以说开始了海外学者研究宋明理学的重要阶段。牟宗三提出了儒学发展的“三期说”：先秦儒家作为第一期；宋明理学作为第二期、也即最为重要的一期，牟氏将这一期称为“张显绝对主体性时期”；当代新儒家即是儒学发展的第三期。新儒家以理学的继承者自居，重申

---

① 《中国思想通史（第五卷）》，人民出版社，1956年版，第3页。

② 此文于1958年同时发表于香港《民主评论》及《再生》杂志的元旦号，副标题为“我们对中国学术研究及中国文化与世界文化前途之共同认识”。作者署名为：牟宗三、徐复观、张君劢、唐君毅。

“道统”的学说，要开出“新内圣”和“新外王”。面对这样的情况，如何科学地评价宋明理学，大陆学者应该拿出有分量的成果。这正是侯外庐先生关注宋明理学研究的原因。1984 年，《宋明理学史》上卷终于得以出版，在《序》中，侯外庐先生写道：“我认为，要符合历史实际地将理学产生和演变的历史写出来，研究者如果以理学思想作为指导，以理学写理学，那是不能揭示历史发展的真实面貌的，而且还会歪曲这个历史过程。”① 这些话，不是没有所指的。后来的事实表明，这部上下卷共 134 万字的皇皇巨著，不仅获得国家哲学社会科学优秀成果奖，也得到国内外学术界的一致好评。

三、继承创新精神的“侯外庐学派”

侯外庐先生既是历史学家，也是教育家。他非常重视通过教育完成学术的传承。

纵观先生的一生，始终没有脱离教育。新中国成立以前，他曾经在哈尔滨大学、北平大学、香港达德学院任教。新中国成立以后，他先后在北师大执教并担任西北大学校长。1954 年，国家委派他到中国科学院历史研究所二所任副所长，在教育与科研“分家”的体制下，侯外庐先生始终没有脱离教育活动。而这种教育活动，在他进入历史所以后，主要表现是他始终成为一个学术团队的核心人物和导师，在他周围，始终有一个切磋琢磨的学术团体。侯外庐先生新中国成立以后的学术成果，大都和这个学术团体息息相关。

---

① 《宋明理学史（上卷）》，人民出版社，1984 年版。

如今，侯外庐先生虽然不在了，“侯外庐学派”却仍然存在，并且在中国思想史领域将侯外庐先生的学术成果不断发扬光大。侯外庐先生对学派的开创，也表现了他的创新精神。

“五四”以后的现代中国，是一个史学家辈出的时代。无论是马克思主义史学，还是非马克思主义史学，都出现了一些重量级人物，在这些知名学者中间，后来形成“学派”的，实在是为数不多。而侯外庐先生，他在20世纪40年代就逐步建立起一个志同道合的学术集体，终于形成一个有特色的学派。

以侯外庐先生为中心的学术集体的形成，其契机是“生活书店”在抗日战争胜利前后拟发行的“新中国大学丛书”计划。早在20世纪40年代初，侯外庐先生就有撰写一部完整的中国思想史的计划，拟分古代、中古、近代三编。1942年年底，完成了《中国古代思想学说史》，其中诡辩学章、荀子章，就是赵纪彬（象离）先生所写。接着，1942年年底到1944年年底，侯外庐先生又完成了《近代中国思想学说史》，而当“新中国大学丛书”的计划公布之时，身在重庆的侯外庐先生与杜国庠、赵纪彬、陈家康决定合作撰写多卷本《中国思想通史》，这正是这个学术团体的正式形成。此后，邱汉生先生也加入了这个学术集体。在新中国成立之前，完成了《中国思想通史》一、二、三卷的工作。

新中国成立以后，随着工作研究条件的改善，以侯外庐先生为中心的学术集体，又有白寿彝、杨荣国、杨向奎等先生的加盟，特别是侯外庐先生亲自选拔了几位青年学者，这就是《中国思想通史》第四卷中署名的“诸青”。他们是：张岂之、李学勤、杨超、林英和何兆武五位先生。这几位当时的年轻学者，都有各自的特长，在侯外庐先生的培养下，后来都成为知名学者。在“诸青”成为外庐先生的助手之后，在20世纪60年代和“文革”结束后，侯外庐先生还通过培养研究生，使这个学术集体扩大起来，延续下来。直到今天，“侯外庐学派”仍然后继有人。在《中国思想通史》五卷完成之后的一系列中国思想史方面的成果，如《中国近代哲学史》《中国思想史纲》《宋明理学史》（上下卷）、《中国历史大辞典·思想史卷》《中国思想史》（教育部指定教材）、《中国思想学说史》（六卷十三册）等，都是侯外庐学派集体攻关的果实。

从侯外庐先生的回忆录《韧的追求》中我们看到，从1942年他完成《中国古典思想学说史》之后，在“抗战胜利前后一年多的时间”，“一个共同研究，共同撰写的集体，在长期交流，反复切磋中，最终形成了”。[①] 如果从1946年算起，到《宋明理学史》写作的20世纪80年代中期，是40年的时间；《宋明理学史》是一个转折时期，从20世纪80年代中期开始，对侯外庐学派来说，是一个新的发展时期，大家沿着中国思想史的道路，继续耕耘，至今又是30多年，这样前后70年，大家在一个特定的研究领域、为一个特定的学术目标共同努力，应该说这在中国现代学术史上并不是特别多见。这其中是不是有一些可以值得总结的东西？

回顾中国历史，学派对文化发展的促进作用是十分明显的。其中有两个最重要的时期，这就是先秦和宋明。在这两个时期，学派在历史上的作用也不一样。

在先秦，学派林立，他们是精神文化的生产者，学派是以某种独特的理论主张或独特的方法、技艺为基础而形成的学术

① 侯外庐：《韧的追求》，人民出版社，1985年版，第185页。

团体。学派也是精神文化生产者在文化创造过程中结成的一种特殊的社会关系。学派领袖也是诸侯之师。可以说，没有学派，就没有先秦的精神文化生产。

在宋明，学派是在书院基础上发展起来的，学派领袖收徒讲学或个人在书院授课是宋代以后重要的教育形式。由师长提出某种学说，众多弟子接受、坚持和奉行这种学说，这样便自然地形成了以师长为奠基人和核心的学派。从黄宗羲《明儒学案》和《宋元学案》，可以很明显地看到这种特征。学派在宋代以后的历史上，具有学术上的求真精神和政治上的批评精神，在书院基础上形成的学派，有时带有政治的色彩，形成“党人”。在晚明更是如此。这样他们在推动社会进步方面又起到了独特的作用。

历史发展到今天，学派与古代相比，有继承也有差异。由于社会与政治的种种因素，学派既不能构成精神文化生产的主力，也不带有政治色彩。而以师承关系为基础和学术上的求真精神这两点，却较多地继承下来。它的主要作用，是对学科发展方面的贡献。西方科学史专家托马斯·库恩（Thomas Kuhn，1922—1996）曾使用“科学共同体”（scientific community）一词来称呼“学派”，他给科学共同体所下的定义是“由一些科学专业领域中的工作者组成。在一种绝大多数其他领域无法比拟的程度上，他们都经过近似的教育和专业训练；在这个过程中，他们都钻研过同样的技术文献，并从中获得许多同样的教益。……科学共同体的成员把自己看做、并且别人也认为他们是唯一的去追求同一组共有的目标、包括训练他们的接班人的人。”[①] 库恩还指出，“科学共同体”是多等级的，最大的可以

① 托马斯·库恩：《科学革命的结构》，金吾伦、胡新和译，北京大学出版社，2003 年版，第 159 页。

是自然科学和社会科学的区分，而最小的可以是每个专业领域内所包含的不同派别。库恩在《科学革命的结构》一书中，指出了学派对学科发展方面的贡献，因为学派的产生与发展是一个学科创生之后进入学科发展阶段的必然结果，它是学科发展的内在驱动力。

在中国古代，学派是学术生存的形式，在现代，学术则不一定非要依赖于学派，但学科的发展，学派的作用就显露出来。例如，在中国，要发展中国思想史学科，就要大大发挥西北大学思想史学派的作用。因为就国内的范围来看，中国思想史的研究形成学派，这里可以说是唯一的。

侯外庐先生在培养学术梯队和年轻学者方面，有独特的工作方式和严格的方法。其中学术上的讨论和交流，是基本的内容。除了观点上的讨论以外，还常常相互审改文章，鼓励独立思考。侯外庐先生晚年在回忆当时的情景时说："我至今难忘这种交流中的收益和快慰。对年轻朋友的文章，我不免大刀阔斧。他们尊重我的修改意见，但他们也经常坚持自己的文字见解。我常常在他们对我的修改意见的反修改中，体会到他们可宝贵的独立思考精神，了解到他们坚持的意向所在。同时，我自己的每篇文章也都请他们修改。我常在他们严肃而颇不拘束的修改文字中，认识他们的成熟程度，看到他们才华的增长，发现他们思想中闪烁的光点；同时也便于给他们增加任务，在他们能挑五十斤担子的时候，我便要他们挑八十斤的；这样'层层加码'，使他们更快地成长。后来的事实证明：采用这种方法培养青年科学工作者是行之有效的。"[①] 侯外庐先生把他在

① 侯外庐：《韧的追求》，三联书店，1985 年版，第 316－317 页。

大学的教育经验运用到科研院所，其结果是成功的，其经验是具有创新性的。

科学研究，既需要个人的独到见解，也需要集体的智慧和力量。可以设想，像《中国思想通史》《宋明理学史》这样的高水平大型学术著作，没有一个学术集体，是难以完成的。而一个学术集体的建立仅仅是为了完成一部学术著作，又会是一种资源浪费。通过这个学术集体来深化学科建设，完成薪火相传，形成有特色的学派，这是外庐先生留给我们的文化遗产。

特别需要指出的是，侯外庐先生注重学术传承的思想和实践，并未因他本人的去世而停滞。他的学生和助手之一，张岂之教授仍在领导着一个中国思想史专业的学术集体，从硕士生、博士生、到博士后，不断有青年才俊加入到这个学术团体中来，而研究成果也在不断地涌现。侯外庐先生开创的以科学的唯物史观为指导的思想史学研究，正在通过他的继承者们，显示着其创新性。

略论侯外庐先生在史学理论方面的两个贡献

刘文瑞
（西北大学公共管理学院）

侯外庐是现代中国史学领域的大家，他的许多学术建树，在中国史学界有着深远影响。尤其是在马克思主义史学方面，侯外庐独树一帜，值得认真总结。通观侯先生的史学研究，他在许多重大理论问题上有着精到的见解和系统的论证，不但影响到中国马克思主义史学的发展方向，而且还将会继续影响到中国史学的未来。所以，有必要对侯先生在史学理论方面的贡献加以总结提炼，进而对中国史学的发展方向加以反思。

一、侯外庐的亚细亚生产方式研究和土地国有研究概况

谈及侯先生的理论贡献，不能不谈及马克思主义的中国化。侯先生是把马克思主义引入中国史学的代表人物之一。在坚持马克思主义的学者中，侯外庐可以说是最纯正也最真诚的。他不是简单地套用马克思主义的理论和术语解释中国封建社会，而是以马克思主义的基本理论作为分析框架，抓住中国历史的国情和特点，对具体问题进行高屋建瓴式的逻辑透析，进而形成了其独创性的学说体系。尤其是关于亚细亚生产方式的研究和关于土地国有的研究，伴随着时间的推移，其理论价值越来

越突出，值得后人重新关注。

亚细亚生产方式的提出，来自马克思的《政治经济学批判序言》，他把人类社会发展演变的社会形态分为亚细亚的、古典的、封建的、资本主义的四种形态。上世纪20年代起到30年代，中国革命需要弄清中国社会的性质，现代中国的社会性质判断又必然涉及古代中国的社会性质。由此，中国学界对亚细亚生产方式有过广泛持久的争论。但是，这一争论从一开始就是为政治服务的，不完全是学术争鸣。所以，1938年斯大林发表《辩证唯物主义和历史唯物主义》后，提出五形态说，等于为这一争论做出政治结论。

尽管亚细亚生产方式的讨论从提出到展开，再到静默，基本上是一种政治导向（重提亚细亚生产方式是20世纪80年代伴随着思想解放再次进入学界的）。然而，侯外庐先生的研究，使这一政治命题具有了浓厚的学术蕴含。他从历史资料出发，指出了“古典”和“亚细亚”的不同。所谓古典，是希腊式的国家产生道路，所谓“亚细亚”，则是中国式的国家产生道路。“前者是新陈代谢，新的冲破旧的，即扫除以血缘关系为纽带的氏族制度的革命的路径；后者则是新陈纠葛，旧的拖住新的，即保留氏族制度的维新的路径。”① 进一步，侯先生用“正常发育”和“早熟”比喻这两种社会形态，这种比喻和阐发把当年的讨论由政治领域扳回到学术领域，由此对中国社会与西方社会的差异性给出了相应的解释。侯先生断言：“在中国古代，文明的‘早熟’与国民思想的晚出、宗法制度的建立与人们对伦理道德的偏重，都是‘人惟求旧，器惟求新’这一特殊路径

① 《侯外庐史学论文选集（上册）》，人民出版社，1987年版，第10页。

的具体表现。”①

亚细亚生产方式的提出是有学术价值的，然而当时中国讨论这一问题却是政治化的。如果没有侯先生对亚细亚生产方式的学术解读，那么，这一讨论就会因为政治论断而丧失理论意义。正是侯先生的观点，赋予了这一命题后续的学术生命。也正是其中所蕴含的理论价值，使侯先生能在斯大林模式出台后毅然坚持自己的学术思想。这种学术坚守，是我们纪念侯先生必须为之彰扬的。还要看到，侯先生关于亚细亚生产方式的坚持，就其本意来说，是探讨中国与西方的不同根源之所在，由此形成了突破历史研究单一模式的思想契机。否定亚细亚理论的，往往借助斯大林之口，强调人类社会发展的共同规律以及这种规律的普遍性。然而，多年以后学界不难看到，这种以共同规律剪裁不同史料、以普遍性抹杀社会特色的做法，会给学术带来极大的伤害。侯先生的观点启示我们，在历史发展的多样性和统一性问题上，并非已经有了结论。不仅在人类处于隔绝状态下的古代具有多样性，即便是工业化以后仍然存在多样性，甚至多样性更为发达。侯先生的时代，使他看到了人类社会形态之“多”，但难免会形成“多”归于“一”的思维定势。而到今天，我们可以看到人类社会依然向着多元化方向发展，可以给出“一”衍化“多”的新解释。这种新解释从具体言辞上可能已经突破了侯先生，然而这正是侯先生观点的理论意义所在。

在土地国有问题上，侯先生敏锐地抓住了马克思主义关于东方“土地私有权的缺乏”这一论断，并对此进行了孜孜不倦

---

① 《侯外庐史学论文选集（上册）》，人民出版社，1987 年版，第 10 页。

的深入剖析。他依据马克思主义的经典文本，对中国的土地权限进行了所有权、占有权、使用权的划分，在一定程度上揭示了中国传统社会土地所有制的内涵，并以此认定“中国自秦汉以来封建社会皇权垄断的土地所有制形式是封建的中央专制主义的经济基础”。这一论断，直指中国传统社会的命脉。

侯先生所说的土地国有，并不是私人完全没有占有权和使用权，而是指在法律形态上最终为国家所有，即所谓“溥天之下，莫非王土”。在这一体制下，“君主是主要的土地所有者”，但同时又有豪强地主的占有权，农民当作自己土地的使用权，以及一定程度的土地买卖权[①]。但是，这些使用权、占有权以及买卖权，不同于西洋领主的不纳不课制（immunity），毫无例外都从属于国家，缺乏法律观念上的私有性质，占有和使用都是可以用国家强权改变或取消的，一纸公文，一项政策，即刻就可以剥夺。“这种土地占有（Grundbesitz）是和土地权力结合在一起的，因而它在外观上显出或表现出私有权的样子，而在内容上却是一种霸权式的统治。这一点正是封建的土地占有的特征。”“土地和户口都规定于皇权支配之下，这就是东方的封建社会土地国家所有制形式的渊源。”[②]

中国古代的土地所有制问题，是一个很难说清但又必须说清的问题，历史研究中有不少疑难都同土地所有制有关，尤其是以马克思主义研究中国，更需要对这一问题进行细致爬梳。但是，以往的所谓马克思主义史学，在这一问题上往往比较粗

① 侯外庐：《中国封建社会史论》，人民出版社，1979 年版，第 11 页。

② 侯外庐：《中国封建社会史论》，人民出版社，1979 年版，第 31、74－75 页。

放，只能以经典概念与史料对接。侯先生由于时代的限制，也存在着以马列经典概念套用中国现实的现象，但是，作为学人的学术自觉，理论思维的逻辑功力，实事求是的研究欲望，都使侯先生在土地问题上不是人云亦云，而是形成自己的独到见解。他的理论特色，是以马克思的言辞，对中国历代土地制度做出符合实际史料的解答。在当时的条件下，侯先生的解释已经达到别人难以企及的高度。坚守土地国有的观点，更是对中国古代社会具有清醒认知的又一种表现方式。

平心而论，在中国与西方的差别上，可以有许多切入点。但土地国有无疑是最为逼近要害的一个。因为土地的所有制问题，涉及最基本的公私问题（在西方的政治学理论中，演化为国家与社会的关系问题）。汉语的公和私，与英语的 Public 或者 Common，Private 不能对译。“雨我公田，遂及我私”所说的公田实际上不是众人的田，而是领主的田。公和私在汉语中是同一字根。“背私为公”是战国韩非时才有的解释。在西周的分封体系中，天子所有、诸侯国有都是公，但具体到某个人就是私。国家对社会的支配权，就建立在土地国有的基础上。战国以后，土地可以买卖，但是，国有的本质没有改变。所以，侯先生才说：“封建思想之定于一尊，封建礼教之渗透于整个社会生活而成为束缚人民的绳索，其终极根源均在于专制帝王的土地所有权，即封建土地国有化形式。”①

由于历史原因，侯先生关于土地国有只能按照马克思、列宁的相关论证加以解释，所以，未能反映出中国古代土地国有问题的全貌。但是，他却给后人留下了一个探究中国特色的学

① 《侯外庐史学论文选集（上册）》，人民出版社，1987 年版，第 11 页。

术思路。以秦汉为例，山林川泽属于皇室，由少府管辖；普通耕地属于社会，由大司农管辖。相对平民而言，山林川泽为公，普通耕地为私。然而，当山林川泽所得由皇帝私用时就不得称公，大司农收缴的租赋归国家支配时就不得称私。皇帝代天牧民就是公，而皇帝私享燕乐就是私。再进一步，到宋代以后，尤其是明清时期，中国的土地交易有了复杂的契约体系，土地的买卖分为地面和地底，地面还有租税是否转移等细节，而所有这些权益又要服从国法。大致可以说，土地是属于国家的（而且国家还有政权和天下的区分，在顾炎武的陈述中，政权为私，天下为公），所谓地底是指一次占有（有的交易还包括二次甚至多次占有），所谓地面是指使用。然而，地面附带的租税转移，则又是所有权的标志。假定有人买了一块“地面”，他买的是使用权，连占有权都够不上，但其“地面”附带的租税这一部分又是“地底”专属，而且反映出国家的所有性质。把这一问题厘清说透，可揭示中国古代国家的专横源头。从土地国有出发，可以更清楚地辨析公有、共有和私有的区别，可以掌握国有之下的公和私渊源，可以弄清权力（power）与权利（过去称为法权，legal rights）在中国的特殊关系。可见，沿着侯先生的思路走下去，我们就能够从学术角度走出“东方专制主义”的迷宫。

二、侯外庐的史学理论特色

侯先生的理论贡献，来自他对马克思主义的深入钻研，也来自他对马列传播中教条主义的挑战。

由于历史的原因，马克思主义中国化的学术进程中，一直存在着“以论代史”现象，尤其是斯大林体系形成后，中国学者为其做注释的比较多见。侯外庐则不然，他从20世纪20年代初就开始接受马克思主义，1927年到法国留学后又系统学习马克思原著，翻译《资本论》，这使他打下了扎实的马克思主义基础。所以，20世纪30年代以后斯大林主义在中国流行时，他能够从一个学者的角度对斯大林体系提出不同看法。对于《联共（布）党史简明教程》的有些观点，侯先生始终是抵触的。他在回忆中追述道：“十年以来（指1941年，时在重庆），我常常考虑着一个问题：讨论中，有两种明显的偏差，一种是公式对公式，教条对教条，很少以中国的史料做基本立脚点；另一种则是，形式上占有了一些中国古代的材料，而实际上忽略了中国古代社会的基本法则。我总觉得，问题的本质在于没有找到研究中国古代的科学路径。也就是说，还缺乏正确的方法论，来处理中国古代浩繁的史料。”① 他通过对马克思著作的潜心钻研和对中国古代史料的认真爬梳，从基本理论和方法论上寻求答案。在1939年发表的《社会史导论》中，他明确表示不同意把生产方式归结为生产力和生产关系的统一。20世纪40年代在重庆讲演，新中国成立后在北师大上课，都因为“不符合斯大林的提法”遭到了有些人的非难②。侯外庐的理论之所以在一定程度上在当时被冷落，正是与他坚持自己的观点有关。而这种坚持，显示了一个学者的本色。正如他自己所言：“不管人们是否同意我对生产方式的理解，但我自信，我以上所述的内容本身，对于我们区别不同的社会形态，掌握不同社会形态的质的规定性来说，是站得住脚的，是符合马克思主义

① 侯外庐：《韧的追求》，三联书店，1985年版，第115页。

② 侯外庐：《韧的追求》，三联书店，1985年版，第227－229页。

精神的。”①

马克思在论述历史问题时，往往侧重于欧洲。于是，在中国学者的阐释中，多少都有着以欧洲为标准参照系的倾向，甚至有以欧洲模式套用中国历史者。侯外庐明确反对这种方法，他强调进行创造性的研究：“古代罗马世界的研究可以作为我们的参考，而不能代替我们的分析。”② 他在研究亚细亚生产方式和古代土地制度时，尽管他也引用马克思的概念、定义和术语，但从整体上看，马克思主义是方法论，是科学的思辨过程，是理论思维的路径，而不是现成的具体结论。正因为如此，侯先生的研究可以做到“实事求是”和“独立自得”（杜国庠语）。这八字评语，非常难得。侯先生正是由此，给后人开辟了中国特色研究的路径。

侯外庐先生在史学上的另一特点是：从经济学入手。史学研究者很少有从经济学入手的。侯先生进入学界，就是从《资本论》的翻译发端的。这样，使他的学术成就带有浓厚的经济分析成分。经济学是社会科学中最接近自然科学的一个分支，运用数学也最多。越靠近经济学，理性的支配作用越明显。翻阅侯外庐先生的著作，感受最深的是其中蕴含的理性和逻辑。同样是马克思主义史学家，由经济学入手的侯外庐，与由文学入手的郭沫若、由经学入手的范文澜相比，可以说各有千秋。查看侯先生学术编年，不难发现，他始终坚持“社会史研究，从经济学入手”；“思想史研究，从社会史入手”。由此形成了侯先生史学研究的基本路径，即以逻辑推理建构概念体系，对史实进行结构功能分析，提出理论观点，创建学术流派。

---

① 侯外庐：《韧的追求》，三联书店，1985 年版，第 228 页。

② 《中国封建社会史论》，人民出版社，1979 年版，第 56 页。

经济学入手的优势在理性，但经济学与其他社会科学相比，在事物的特殊性上可能会有所不足。经济学特别注重抽象，注重一般原理，其所言的具体是抽象的具体而不是个案的具体。所以，以经济学为基础，可以关注到民族的或者国家的特色，但难以对这些特色进行解构式阐释。侯先生在中国历史的结构功能分析上给后人做出了光辉的榜样，后人需要在此基础上发扬光大，有所超越。例如，关于土地国有，在侯先生的基础上，进一步进行土地制度的社会学研究，包括具体的交易契约研究，就有可能把侯先生的思想推进到新的阶段。

三、以侯先生为榜样，坚持马克思主义

侯外庐先生是以马克思主义研究历史的典范。对今人来说，如何坚持马克思主义，侯先生可以给我们许多启迪。

首先，马克思主义不是教条而是指南。是否坚持马克思主义，不在于引用了多少“语录”，而在于是否理解了马克思所说的道理，是否弄清了相关原理，是否符合实际。只有像侯先生那样，能够运用马克思主义看到斯大林体系的问题，才是真正的坚持。清除斯大林体系对马克思主义的负面影响，至今仍需要中国学界继续努力。

其次，马克思主义具有高度的学术性和强大的说服力，这种说服力来自理论本身，而不是理论之外的其他力量。理论来自严密的逻辑和翔实的资料，而不是来自乌托邦想象。一旦提出理论则要经受严格的检验和证伪，而不是来自简单的灌输。

最后，马克思主义的本质，是独立思考，是批判性思维。坚持马克思主义，需要学习侯先生的治学精神，追求学术上的

自得自见，摒弃人云亦云，养成学术品格。信奉马列，绝不是盲信。

20 世纪 80 年代的思想解放，在推动改革与开放中起到了极大作用。在思想解放浪潮中，真正具有理论震撼作用，而且引发中国社会科学新探索的学术争鸣，一个是亚细亚生产方式的讨论，一个是土地国有的讨论。由亚细亚的讨论，演化为东西方的比较研究和文明形态研究；由土地国有的讨论，演化为中国社会的特色研究和不同的发展道路研究。这些研究，已经超越了侯外庐时代的初衷，但其学术底蕴，却来自侯先生的铺垫。改革开放以来的经验说明，像侯外庐那样坚持和运用马克思主义，能够使马克思主义焕发出新的生命力。

侯外庐先生论中国历史的特殊道路

方光华
（西北大学中国思想文化研究所）

侯外庐先生（1903—1987）是中国现代著名的马克思主义史学家，自20世纪30年代开始，他相继出版了《中国古代思想学说史》（1942年）、《中国近世思想学说史》（1945年）、《中国早期启蒙思想史》（1956年）等著作，20世纪40至60年代主持完成了五卷本的《中国思想通史》。他通过这些著作对中国思想史及中国社会史进行了系统性的研究，取得了众多的理论成果，并建立了马克思唯物主义的中国思想史学科。并且，侯外庐先生可能是最早提出并最系统论证中国历史与思想发展有其特殊性的马克思主义学者。

一、侯外庐先生的中国历史观念

今天我们看历史，一般认为它包括三个方面：人与自然的关系史、人类社会的历史、人类思想的历史。人与自然的关系史也就是天人关系的历史，人类社会的历史即以人类政治生活为主导的社会生活变动的历史。人类思想的历史即人类理论化的社会思维发展变化的历史。

侯外庐先生认为，研究历史应当从以下两个方面入手：一个是物质生产方式以及相关的经济制度，一个是人们理论化的社会思维。他说："自三十年代开始，我对于中国历史的研究，主要做了两方面的工作，一是社会史研究，二是思想史研究，我向来认为，社会史与思想史相互一贯，不可或缺，而'研究中国思想史，当要以中国社会史为基础'。当然，我研究社会史，并非仅仅为了研究思想史，更重要的，还是为了探讨中国历史发展的规律性。"

在研究人与自然的关系史方面，侯外庐先生通过翻译《资本论》，"从经典著作的原著掌握观察问题的理论和方法"，确立了他研究中国社会发展最基本的理论依据。他认为研究社会经济形态是把握人与自然的关系最核心的内容，而研究社会经济形态，关键要研究特定历史时代生产力和生产关系的变化以及由此引起的生产方式的变化，简言之，即生产资料与生产力相结合的特殊方式。对于物质生产方式的观察，则既不能简单看生产力发展水平，也不能简单看社会生产关系，而是要看它们结合的特殊方式。根据这一原理，他系统研究了中国古代社会历史，并剖析了其主要特征。

侯外庐先生认为观察理论化的社会思维，既要看其世界观（哲学思想）和逻辑思想，更要看它对于政治、经济、道德、法律等方面的思考，需要揭示出哲学思想、逻辑思想和社会思想的内在联系。他指出要把握好社会历史和思想历史的互动，判断历史上的思想命题，如果要避免以思想解释思想的随意性，只有把思想置于中国社会历史的具体背景之中。他说："思想史系以社会史为基础而递变其形态。因此，思想史上的疑难就不能由思想的本身运动里求得解决，而只有从社会的历史发展里来剔抉其秘密。"否则，对于中国思想史的解释，不仅容易犯主观化的错误，而且容易使古人的思想被曲解，即“流于附会臆度”。需要指出的是，侯外庐先生并不是经济决定论者，他虽然认为“经济发展对思想史的各个领域起着最终的支配作用”，但同时意识到“思想意识的产生又属于社会分工的特殊部门，因而思想史本身有其相对的独立性”。

在中国历史的研究中，侯外庐特别注意将马克思主义理论与中国历史实际相结合，以此发现中国历史的特点。他说：“我们提倡马克思主义理论与中国历史实际相结合的创造性科学研究，同时也反对这样的态度：或者孤立地用一句封建主义的定义来代替各个角度的全面分析，或者动不动就武断地说马克思主义的普遍性的理论不适用于中国。这种态度妨碍人们对科学理论进行虚心而认真的研究。”在中国现代的马克思主义史学家代表中，侯外庐先生与郭沫若先生有很大的不同。20 世纪 20 年代，郭沫若运用恩格斯《家庭、私有制和国家的起源》的理论分析中国古代社会及其思想，运用历史唯物主义的观点和方法第一次提出并且论证了中国古代同样存在奴隶制社会，从而证明了马克思主义关于人类社会史一般规律的普遍意义，揭示的是中国古代历史和思想与西方社会的相似性。侯外庐同样运用马克思的理论研究中国古代社会和思想，但得出的结论却与郭沫若的《中国古代社会研究》有巨大的差异，他发现的是中国历史和思想发展的独特路径。

二、侯外庐先生论中国社会历史发展的独特路径

侯外庐先生的中国社会史研究，以纵向的历史发展脉络为坐标，力图从中探寻中国社会历史的独特道路，这主要体现在

他的中国文明起源研究、中国封建社会研究和资本主义萌芽研究等方面：

第一，中国文明起源的独特路径。

侯外庐先生认为，中国文明的起源遵循的是一条特殊的路径，它“采取了土地为国家所有的路径，一开始便是大土地所有制，这不能不说是‘早熟’”，“氏族公社的保留以及转化成为土地所有者氏族王族，是它的‘维新’的路径”。因此，中国古代社会保留了大量的氏族遗制，氏族贵族所有的生产资料和家族奴隶的劳动力二者紧密结合，土地地域化的私有制及国民阶级具有巨大难产性，形成了古代东方国家的“维新路径”或“亚细亚道路”。他总结出中国文明起源的基本标志是家族而不是家庭，是氏族公有制而不是私有制，是国野之分而不是国民意义上的国家。与恩格斯所揭示的古典的古代不同，古代希腊文明社会的建立路径是：家族的消灭、私有制的起源、城邦国家的产生；而中国进入文明社会的路径是：家族和氏族制度与奴隶制度结合，土地财产为土地国有或氏族贵族专有，“宗子维城”的城市国家出现。中国文明形成之际，土地所有形态的发展过程走的是从氏族公社公有到氏族贵族的土地国有的路径，中间未经过土地的氏族成员私有化阶段，个体私有财产权不发达。侯外庐以氏族、公有制、城市国家作为研究古代文明和国家起源的路径，并力图探讨中国古代国家形成的独特途径的科学精神，对后来者探索文明起源有很大的启示。

最重要的是，侯外庐先生通过对中国文明起源独特路径的研究，揭示了中国传统社会发展中的“维新道路”，即在社会变革的关键时刻，中国古代的政治家与思想家往往采取与旧制度和思想妥协的改良路径，而非实行彻底变革的“革命”路径。他说："'古典的古代'是从家族到私产再到国家，国家代替了家族；而'亚细亚生产方式'的古代是家族到国家，国家混合在家族里面，叫做'社稷'。因此，前者是新陈代谢，新的冲破了旧的，这是革命的路线；后者却是新陈纠葛，旧的拖住了新的，这是维新的路线。前者是人惟求新，器亦求新；后者却是'人惟求旧，器惟求新'。"在他看来，这正是中国社会历史独特路径的重要表现，并在历史上产生了深远的影响。

第二，中国封建社会的独特路径。

关于中国封建社会史的研究，侯外庐先生涉及的问题主要包括判断封建社会确立的依据、封建社会的主要特征、封建土地国有制等。他认为法典（体系化的制度形式）是判断封建制度最终确立的主要依据。他说："真正作为分界线以区别古代和中世纪的标志，应该从固定形式的法典来着手分析。"对于中国进入封建社会的时间，不能因为古代社会有封建因素的萌芽就断定其为封建社会，而应当以制度体系转变为标准，即法典化为标准来衡量。所谓法典化标准，就是以体系化制度形式作为判断社会形态的标准。侯外庐先生据此把中国封建化的过程划在战国末以至秦汉之际，他认为战国时期虽有封建因素的萌芽，但只是一种局部现象，没有取得全国的支配性质，经过汉初一系列法律形式的确定，至汉武帝法律化过程的完成，中国的封建制才最终确立。

此外，侯外庐先生通过考察土地与生产力的结合方式以及封建社会的主要矛盾等，探讨了封建社会的主要特征，并明确提出了封建社会"土地国有制"的论点，即土地为皇族地主（国家）所有，其他阶层仅有占有权或使用权，其对于土地的所有权不过是"法律的虚构"。因此，中国封建社会的土地私有，就是君有、皇族地主所有，封建土地国有制作为“一条红线贯串着明清以前全部封建史”。但这不等于整个封建社会土地的基本形式都没有变化，他以两税法为标志把中国封建社会分为前后两个时期。前一阶段从秦汉起到唐代开元、天宝之间，以军事的、政治的统治形式为主，表现为对土地的直接干预；后一阶段从唐代安史之乱后到清初，以经济的所有形式为主，表现为通过赋税方式的变化实现对土地所有，经营方式虽有改变，但土地所有制形式的本质并没有改变。侯外庐指出，与西方中世纪相比，中国封建社会的显著特点就是“自由的土地私有的法律观念的缺乏”。封建思想定于一尊，根源就是统治阶级掌握着土地所有权。皇族垄断的土地所有制形式，是秦汉以来中央专制的经济基础，伴随着土地国有制的所有形式，在主要的手工业生产方面也实行国家管制。这种以土地为主而以其他产业为副的国有的财产形态，从秦汉社会发源，一直是中国封建所有制主要的形式，也是理解中国封建社会政治史、思想史的关键所在。侯外庐先生通过对封建土地国有制的研究，揭示了中国封建社会的独特发展路径，以及专制集权政治长期存在的深刻历史原因。

第三，中国近代化的曲折道路。

侯外庐先生从土地关系的变化、手工业以及海外贸易的发展三个方面考察了明代嘉靖、万历时期的资本主义萌芽情况，力图证明明清之际中国封建社会内部已经有资本主义的萌芽形态，他说：“十七世纪的中国社会，已存在着资本主义的幼芽，这是在十六世纪中叶开始的”。随着社会经济的进步和商品经济的发展，明中叶以后私有土地所有制和经营地主的势力获得了空前的发展，“一条鞭法”的施行是对土地商业化和私有化的法典式总结；虽然土地商品化的程度还很低，还不足以改变整个封建土地所有制，但已经反映出资本主义萌芽的发展。此外，明中期以来城市手工业及海外贸易的发展、商业资本的活跃也逐渐将封建生产方式解体，成为资本主义萌芽的重要内容。但侯外庐先生同时指出，中国的资本主义萌芽发展有其独特性，与西欧是不同的，他说："从十六世纪以来，中国的历史没有如欧洲那样走向资本主义社会……既在封建社会的母胎内产生了资本主义的萌芽形态，又在发展过程中未能走进近代的资本主义世界。"而原因就在于农业和手工业结合的自然经济方式严重阻碍了商品经济和资本主义萌芽的发展，他说："农业和家庭手工业的结合形式，既然是东方封建制的生产方式的条件，又是巩固东方专制政制的基础"。虽然明代的"一条鞭法"和清代的更名田，使旧制度发生了一定的变化，而清朝的封建专制主义的政策也并未能长久地阻碍历史进程，但是中国的资本主义萌芽依然很难突破封建自然经济的束缚。鸦片战争后随着外国资本主义的入侵，中国有了一点自己的民族工业，但资本主义萌芽仍然没有获得充分的发展。这种"近代社会的难产"正是中国社会的独特发展路径的又一重要表现。

侯外庐通过对中国历史的通贯性阐述，揭示了中国社会的独特发展路径，他说："从古代文明的难产到近代文明的难产，说明旧的传统是阻碍历史前进的巨大堕力，这是中国社会的特点。"出现这些独特路径的根本原因就是"旧的传统"——作为中国文明和社会基础的家族血缘关系，以及相应的维新道路，文明起源的独特道路、封建土地国有制、资本主义萌芽发展的曲折都与此有关。

三、侯外庐先生论中国思想历史发展的独特性

侯外庐先生将中国社会思想的发展史划分为先秦社会思想史、封建社会思想史和启蒙时期的社会思想史三个阶段进行研究，并从中揭示出了中国思想历史发展的独特路径。

第一，中国思想发展的维新特征。

侯外庐先生认为，中国思想史整体上存在着保守与改革的矛盾，旧有的社会制度或思想传习往往束缚了新哲学思想的产生，反映新社会要求的思想中往往保留着旧的思想形式，即“新的拖住旧的”或“死的拖住活的”，这在先秦诸子思想和近代启蒙思想中有着集中的体现。他将先秦思想史看作国民阶级思想的形成和发展的历史，在他看来，先秦诸子思想的一个重要特征就是受到商周尤其是西周先王观及礼乐思想的严重束缚，他曾这样评价诸子思想的共同特点：“在中国，思想史起点上的思想家，不论孔子和墨子，其所论定的问题，大部分重视道德论、政治论与人生论；其所研究的对象也大都以人事为范围；其关于自然的认识，显得分量不大，其关于宇宙观问题的理解，也在形式上遵循着西周的传统。”各派思想实际上就是围绕对先王观和礼乐观的批判而展开的，其中，儒家学派的特点是形式上认同礼制，而精神上则倾向于“仁”，他们把礼、乐观念化，并从道德心理和道德情操出发，批判了礼、乐的形式，并强调了其中思维的内容；道家学派的特点是发现了自然天道的某些规律，并把这种自然史的规律视为社会思想意识的依据，从而否定了孔、墨言必称先王的观点。先秦诸子“穿着古衣裳，说着古语言，而企图说明未来世界的自己的憧憬”，即他

们在表述政治、人生理想时，只有求助于对传统的重新诠释，而对自然只有“用‘譬如’的类比方法来证成思想家（贤人）的政治与道德的主张，从不为更进一步的自然认识而定立命题”。侯外庐先生认为近代资产阶级的反封建运动依然受到“维新路线”的影响，采用了变法改良而非革命的方式。例如早期启蒙思想代表人物王夫之、黄宗羲、顾炎武等人的进步思想，一方面在自然观、政治观、伦理观上提出了反封建神学和道学、反君主专制、要求个性自由解放等新要求，体现出自由、平等、民主、科学、理性等近代启蒙的思想属性；但另一方面，正如先秦诸子思想的发展受氏族血缘纽带的制约一样，早期的启蒙学者也受到了封建传统思想的束缚，“在他们的理论中常保留着旧的内容，而且常显出矛盾的体系”，如对宋明理学旧形式的保留等。鸦片战争以后的启蒙思想家如改良派的康有为、谭嗣同、梁启超，民主革命派的孙中山、章太炎等人。虽然其进步思潮受到中国早期启蒙思想的影响，也从西洋民权、法治思想中汲取了近代的思维方法，但他们依然摆脱不了儒学、佛学等传统思想及思维方式的影响，如康有为的“托古改制”和孔教论、章太炎的“建立宗教论”等正是这种束缚的表现。

从根本上说，出现这种新旧纠葛的原因在于中国传统社会的维新道路。在中国古代，国民思想的晚出与先秦诸子对“先王观”的保留，古代思想的“贤人”类型与人们对伦理道德的偏重，“是‘亚细亚的’或‘维新的’中国古代图景的思想史面貌”。而中国虽然从16世纪晚期就开始了封建社会解体和资本主义萌芽的发展，但中国并没有能够走进近代的资本主义世界，其原因就在于中国封建社会“旧的生产方式以及旧的思想影响太深”，这些都是“人惟求旧，器惟求新”这一特殊路径的具体表现，在他看来，这种“维新传统”正是理解中国社会思想史的关键之一。

第二，中国传统思想有浓厚的宗教性。

侯外庐先生在研究中国思想史的过程中，提出“东方史更好像宗教史”，即中国传统思想中具有浓厚的宗教性。他是在研究商周时期思想的时候提出这个观点的，这一观点实际上贯穿于他研究中国思想历史的整个过程，是他对中国思想史以及中国社会史发展独特路径的一个整体判断。

侯外庐先生认为中国思想的宗教性很浓厚，其主要理由是：首先，中国的思想具备西方宗教的一般特征，如有神论的“神灵崇拜”，圣经、教主、神职人员、教团组织和寺院等。其次，中国思想中具有相当于西方宗教哲学或神学的理论。侯外庐先生认为宗教思想主要包含两个方面，一方面是哲学的，另外一方面是神学的，哲学主要以世界观作为核心，中国的哲学大多表现为自我意识的循环；神学则探讨神性、神意、神启及神迹等内容，以感性的心灵直观和想象的形式出现。中国古代“天人感应”的神启说、“天人合一”的神迹说、“天命”的神意说，天“寂然不动，感应万端”的神性说，都相当于宗教神学。与西方中世纪的政治服从于宗教，政治是宗教的婢女不同，中国古代和中世纪是宗教服从于政治，宗教成为意识形态的一个内在组成部分，并深入社会生活的各个部分。再次，中国传统主流思想的儒学发挥了宗教的功能。侯外庐先生比较早地指出儒家思想具有宗教化倾向，具备宗教性质，发挥了宗教作用。他认为思孟学派就已经开始对孔子进行神圣化，孟子“天人合一”的神秘宇宙观使儒学的宗教色彩更浓厚，是后世儒教的起源。汉代的儒学是国家化的宗教，“到了汉代，谶纬之学大盛，儒学即附带了儒教的职能”，汉代的官方哲学“在两汉是‘经学’的正宗神学”。宋明理学是比汉代儒学更加高明的宗教，“中国的道学是一种特别形式的中古宗教”，宋明理学的天理论及方法论便具有宗教神学的特征，以朱熹为例，在维护封建统治方面“朱熹的哲学也尽了它作为神学奴婢的作用”，即发挥了神化专制君权并巩固封建统治的国教作用，道教和佛教的宗教性及其在中国思想史上的重要影响自不待言。侯外庐先生认为中国的启蒙思想也有非常浓厚的宗教色彩，进步思想家往往利用宗教“旧形式及材料”表达新思想，比如王夫之、傅山等人都是利用佛学的概念或思维方式表达自己的思想。鸦片战争以后，康有为的孔教论实际上是宗教改革的中国式的再版，谭嗣同思想的实质则是泛神论的孔教观，章太炎是一方面反孔教的迷信，又用佛学的思维来表达新思想。因此，侯外庐先生指出中国思想的历史更好像是宗教史，这是中国思想史的又一重要特点。

第三，中国思想发展史上存在着正统与异端思想的矛盾斗争。

在侯外庐先生看来，中国思想史并没有自三代开始的“道统思想”的传承与延续，也不像西方学术语境下的“哲学思想”呈现思想自身发展与逻辑展开的历史，而是不同思想体系之间矛盾斗争的发展过程，通过这一过程，思想与社会之间的互动、历史与逻辑之间的统一得以揭示。他说：“思想史以‘正宗’与‘异端’，唯心与唯物的对立或斗争为其发展规律。”侯外庐在中国思想史及哲学史的研究中，就注意探讨唯心思想与唯物思想之间的辩证矛盾发展的历史过程。在先秦思想史的研究中，他突出了孔、墨的对立，老庄与孔、墨的对立，法家思想与儒、墨、道家思想的对立；在两汉思想史的研究中，他突出了正统经学与异端思想的对立，“唯心主义和唯物主义，有神论和无神论的斗争，通过汉代是有一条线贯穿的”；汉代异端思想的代表司马迁、桓谭、王充、王符、仲长统等人，他们表现出对社会弊端的揭示和神学世界观的怀疑。封建社会后期思想主要是理学思潮，作为哲学化的儒学，“道学成为维护和承认封建统治的精神力量”。侯外庐认为，理学唯心主义和反理学唯物主义哲学的斗争则是贯穿封建社会后期思想史的主线，他说：“我们一致认为，中世纪思想史，必须着重研究异端思想和正统儒学的斗争，无神论和有神论的斗争，唯物主义和唯心主义的斗争，表彰中国思想史上唯物论的光辉传统。”他在探讨程朱理学、陆王心学等理学思想的同时，还发掘了杨万里、罗钦顺、王廷相、吕坤、李贽、方以智等反理学思想家，以此显示思想史内部的矛盾发展过程。需要指出的是，侯外庐并非机械地将“正宗”与“唯心”，“异端”与“唯物”等同起来，两者属于不同的范畴，他认为：“有的利用思想资料进行改编工作，为统治阶级说教，这就是‘正宗’；有的利用思想材料，进行改造工作，反抗统治阶级，这就是所谓‘异端’。他们所利用的材料都可能是经学形式，然而他们的立场观点却又可能完全相反。”

四、侯外庐先生中国历史观的现代启示

第一，侯外庐先生指出了对中国思想和文化发展方向的思考。

首先，中国历史和思想文化需要进行批判性的整理。侯外

庐先生认为，中国传统思想文化的主要缺陷在于：一是缺乏私有权和独立的法权观念。在中国古代最能够体现私有权的是土地，而国家土地所有制是中国历史上主要的土地制度，“自由的土地私有权的法律观念之缺乏，土地私有权的缺乏，甚至可以作为了解‘全东方’世界的真正的关键”。私有权观念的不发达，以国有土地为核心的所有制以及它的政治形态，影响了中国思想家的生活空间和思想的范围。二是受维新道路影响，中国古代的思想家在分析人类社会的时候，缺乏深刻的批判精神，思想的自我循环色彩十分明显。三是中国的自然观念不发达，先王观念特别发达。中国的思想中关于自然的研究，没有成为人类生活真正的科学依据。从侯外庐先生对中国社会史和思想史的批判性分析中，可以看到他对神学世界观、法律的不平等性、私有权的缺乏、专制主义制度等持坚决的批判态度。与此同时，他也高度重视中国传统思想中的反专制思想、朴素唯物主义、无神论、自由私有权观念等可资发掘利用的优良传统，并提出了相应的解决方案，即通过辩证唯物主义世界观以及科学观念、法权观念、自由民主思想的启蒙，实现中国现代化的时代课题。

其次，中国社会和历史的发展需要引入外来的动力。在侯外庐先生看来，中国社会和历史虽然有其特殊性，但从世界历史的总体发展趋势来看，统一性和普遍性将是世界各国未来发展的基本走向。也就是说，未来的中国社会将是人类大同的共产主义。不过，与许多马克思主义学者不同的是，他认为中国社会实现自我进化的内在动力是不足的，这一点已经为文明起源、封建社会国有制、资本主义萌芽发展等历史事实所证明。因此，要实现中国社会的现代化，必须从思想文化、政治制度等各方面引入外部动力，即马克思主义。侯外庐先生研究中国历史和思想的目的是为扫清中国现代化的思想障碍，他将当时学术研究的时代课题视为“民主潮流的在中国的现实解决”，他从不讳言其学术研究的目的是为了民族的独立和自由，希望以学术研究的手段促进社会和思想的解放，并为时代课题的解决寻找答案。侯外庐认为：研究历史，主要的工作是要实事求是地分析思想家的遗产在其时代的意义，批判其腐朽的糟粕，发掘其优良的传统，他说：“从新事物里剔除腐烂渣滓，从旧事物里提取新生契机，发扬它。这是当前哲学上的首要任务。”他站在马克思主义唯物史观的立场上，将当时的自由主义西化派和文化保守主义派视为资产阶级史学和封建史学的余绪，并通过对其理论弊端与缺陷的深刻揭露，阐明了马克思主义史学研究的原则和科学性。他认为马克思唯物史观具备真正的科学性，他说：马克思主义的治史要求，“在乎详细地占有史料从客观的史实出发，应用历史唯物主义的基本原理和方法，认真地分析研究史料，解决疑难问题，从而得出正确的结论，还历史以本来面目”，可以借此解决清算封建糟粕的思想任务。侯外庐先生对实现中国现代化问题的思考与探索，为中国当前及未来的现代化建设提供了理论上的重要参考和启示。

第二，侯外庐先生提出了关于中国历史学研究内容及研究视野的独特见解。

首先，中国历史研究应当是社会史、哲学史、社会思潮史研究的结合。侯外庐先生的中国思想史研究注意思想史与社会史研究的结合，并以社会史研究为基础，侧重于探讨社会思潮的发展与演变，这一点已经为学者熟知，他说：“对中国思想史的研究，我以社会史研究为前提，着重于综合哲学思想，逻辑思想和社会思想（包括政治，经济，道德，法律等方面的思想）。……要研究整个社会意识的历史特点及其变化规律。”此外，侯外庐先生对哲学史也给予了特别的关注，并以唯物史观和辩证法为研究手段，初步建立了马克思主义中国哲学史的研究范式，其研究方法在新中国成立后的相当长时间里成为中国哲学史研究的主流方法和范式。他认为哲学史与思想史两者为有机的统一体，哲学史是思想史的核心部分。哲学思想是思想家的世界观，即思想家对世界总体的认识，具体内容包括宇宙论（本体论）、认识论（知识论）、历史观三个主题。他的哲学思想史研究主要有三个特点：一是重视宇宙论（本体论）、认识论（知识论）和历史观的内在逻辑，重视利用“矛盾律”来发现某一哲学体系中固有的矛盾。二是重视对世界观性质的考察。他说：“世界观是一种更高的、即更远离经济基础的意识形态，属于哲学的范畴。”在他看来，世界观的首要问题是思维和存在的关系问题，存在决定思维的是唯物主义，反之是唯心主义。三是关注哲学思想所反映的经济意图。他特别注重探讨哲学思想与经济运动的关系。在他看来，哲学思想在上层建筑中处于较高的位置，它通过政治和法律等制度反映出经济基础的情况，哲学思想、制度与生产方式三者是一个有机的整体。因此，研究中国思想史必须对社会史、哲学史和社会思潮史进行整体性的把握。

其次，在中国历史研究中必须坚持“世界视野与中国问题结合”的研究视野。侯外庐先生对中国历史和思想的上述考察，并不是就中国而论中国，而是围绕中国的现实问题与时代课题，将中国历史放在世界历史的宏观范围内加以考量，力图对中国历史的特点、价值与不足做出全面的考察。他说：“我常注意从世界史的总范围去考察以及从各个时期中外历史的比较中去探索中国社会发展的特点，自信不是削足适履。”例如，他研究中国的文明起源道路，就把“古典的古代”的希腊城市国家作为主要参照；在先秦思想的研究中，则以古希腊哲学思想为参照，认为古希腊思想起源于对自然界本原的思考，而中国古代文明起源之际的思想则萌芽于对人类社会历史的思考，对应于古希腊探究宇宙根源的智者气象，在中国则为偏重伦理道德的贤人作风；自中国资本主义萌芽和启蒙思想的研究中，则以欧洲历史上16世纪初的德国宗教改革运动与文艺复兴为参照，在考察明末以来“三百年”的社会变动和学术思想时，既注意从世界史的普遍性角度看待中国启蒙思想的发生发展，又注重从中国社会历史的特殊性出发审查中国启蒙思想的个性特点。这种辽阔的世界历史视角，使侯外庐先生的中国历史研究摆脱了自我中心的局限，突破了中国传统史学中的“中国即天下，天下即中国”的狭隘眼光，进入了世界史学的领域。只有立足于中国历史问题，同时以世界历史的视野进行中西比较，才得以发现中国历史发展的独特性及其症结所在，正是近代以来中国学术发展及侯外庐先生中国历史研究给我们的启示，这在今天依然具有重要的学术意义和现实意义。

第三，侯外庐先生为今天的文化自觉指明了方向。

我们认为，侯外庐先生所揭示的中国文明早熟论、私有观念缺乏是中国封建社会最突出的特点、实践方式的变化不能改变封建土地国有制的实质、中国思想有很浓厚的宗教色彩、中国早期启蒙思想具有与西方启蒙思想不同特点等种种论点，是中国社会史和思想史研究重要的创见。白寿彝先生曾经指出：“别的马克思主义史学著作宣传了马克思主义的理论，也试图把马克思主义理论同中国历史结合起来，但是把中国历史特点指出来，这在外庐同志是最突出的。”就其现实意义来说，侯外庐先生的中国史观为今天的文化自觉指出了方向，他将历史研究视为“从掘发自己民族文化的传统中，走出一条中国化的道路”，既注意从世界史的普遍性角度看待中国历史和思想的发生发展，又注重从中国社会历史的特殊性出发审查中国历史的个性特点，在“世界性”和“民族性”相统一的基础上，发掘中国传统社会与思想中自身所孕育出的诸如自由、平等、民主、科学、理性等近现代文化因子，以嫁接起“传统”与“现代”的内在性桥梁。他的中国历史研究正体现出“文化自觉”的文化视野，并给予我们这样的启示：只有对自己的文化和思想有“自知之明”，并能将自己的民族文化和思想融入世界文化体系中，在世界文化体系中找到自己文化和思想的位置与坐标，对自身文化进行创造与建设，才能较好地做到中国与世界的沟通，最终自立于世界民族文化之林。

此文已经刊发于《西部学刊》2013年创刊号

近代外来学说中国化的两点历史经验

——以侯外庐建立马克思主义中国思想史学科为例

张茂泽
（西北大学中国思想文化研究所）

外来文化中国化，是中国文化学习外来文化而持续不断发展的重要方面。我国历史上有两次大规模学习外来文化，即汉唐时期的佛教中国化和近代以来的西方文化中国化。两相比较，后者与中国社会现代化、传统文化现代化紧密相连，目前还在进行中，尚未完成；学习内容也不再以宗教文化为主，而是在近代化背景下，以反映了近代生产方式、近代政治经济制度本质因素的西方思想学说为主。外来学说的中国化，成为中国近代外来文化中国化的主体内容。中华民族由此全面而深刻地学习外来先进文化，与之伴随的是家庭小生产向社会化大生产飞跃，中国社会发生亘古未有的巨大变革。

近代外来学说中国化，特指具有国际视野、掌握了近代新知识新学问的中国有识之士，立足中国本土实际，针对中国近代化过程中存在的问题，学习引进外来思想学说，尤其是来自西方发达国家的自然科学技术、哲学社会科学等，将它们与中国社会实践和学术思想相结合，创造性地转化为中国民主革命理论和中国社会主义建设理论，转化为中国新学术思想的一部分，化西学为国学，以解决中国问题，推动中国社会、学术及传统文化的近代化。

出现在近代中国的外来学说，既有自然科学技术，又有哲学社会科学。外来学说中国化的标志，两者有不同。外来自然科学中国化，目标是中国自然科学的诞生和发展。外来技术中国化，表现为中国社会生产者仿照外来技术，并努力创新技术，生产新产品。新中国两弹一星、东方红一号、杂交水稻等，是我国近代科技成就的集中展示。我国成为世界制造业大国，当然离不开我国众多科技成就的支持。外来哲学社会科学中国化完成，则应有中国新学科产生，新学术观点出现，新方法的运用，人的综合修养提高，等等。用这些衡量，马克思主义中国思想史学科的产生，社会史和思想史相结合方法的出现，是其学术标志；在党的领导下，这些学者积极参与中国革命和社会主义建设活动，则是实践标志；至于在为人处世上，一些学人更“能真正把中华民族最美好的道德和共产党员的修养结合在一起，自然地融会在个人一切行动之中”，“完全没有矫揉造作的痕迹”①，则是道德标志。这些正说明老一辈马克思主义史家经过艰苦努力，不仅在认识上，而且在实践上，在道德修养上，都完成了外来学说中国化的历史任务，甚至还能做到为学与为人的新统一。总结近代外来学说，特别是近代外来哲学社会科学中国化的历史经验，对于发展繁荣中国哲学社会科学，建设中国社会主义无疑有重要意义。

一、侯外庐与近代外来学说“中国化”

近代中国外来学说中，最重要也是影响最为深远的，无疑

---

① 侯外庐：《韧的追求·表彰杜国痒语》，见张岂之：《侯外庐著作与思想研究（第一卷）》，长春出版社，2016年版，第151页。

是马克思主义。侯外庐（1903—1987）以其《中国思想通史》（五卷六册）、《宋明理学史》《中国古代社会史论》等学术著作，成为我国中国思想史学科的奠基人，在用马克思主义指导研究中国史方面，也有“筚路蓝缕，以启山林”之功。白寿彝认为，侯外庐及其著作“总是想把马克思主义历史理论中国化”或“民族化”，是“我们中国马克思主义史学发展到新的阶段”的“标志”[①]。张岂之评价，侯外庐是“坚持并创造性地运用马克思主义基本理论来研究中国社会史和思想史的学术大家”[②]。汲取侯外庐对待和处理外来学说的历史经验，有助于我们今天更好地学习、汲取外来学说的精华而弃其糟粕，推动中国思想史学科健康发展。

从鸦片战争睁眼看世界，洋务运动学习外来科技和经济思想，维新派注重外来政治思想，严复介绍进化论、逻辑学、自由观等，表明近代外来学说中国化越来越准确、全面。五四新文化运动后，实用主义、自由主义等传入中国，影响很大。但只有马克思主义传入中国并中国化，尤其是中国社会主义现代化建设的蓬勃开展，才标志着我国近代外来学说中国化进入了崭新的历史阶段，由自发走向自觉，被动变成主动，个别扩展至全面，零散演进为系统，表象深入到实质，认识落实于实践。近代以来，对待外来学说，有全盘西化、盲目排击外来学说等主张出现。从严复准确介绍外来学说开始，经梁启超等鼓吹，王国维的理性认识，中国学者逐步走上了理性对待外来学说的

① 白寿彝：《外庐同志的学术成就》，见张岂之：《侯外庐著作与思想研究（第二十九卷）》，长春出版社，2016年版，第16页。

② 张岂之：《侯外庐著作与思想研究·总序》，《侯外庐著作与思想研究（第一卷）》，长春出版社，2016年版，第2页。

道路。马克思主义传入中国后，更使国人对待外来学说进入了科学认识和实践创造相统一的新阶段。

在学术研究的实践上，侯外庐是马克思主义中国化在学术上的代表人物；在理论上，他也思考过外来学说中国化的问题。他明确提出了外来“学术的中国化”“中国学术的世界性”[①] 等概念，并进行了阐发。1939 年 4 月 15 日，《理论与现实》杂志第一卷第一期创刊号发表侯外庐《中国学术的传统与现阶段的学术运动》长文，在第五部分“世界学术介绍的发展”中，他提道“中国历史上伟大的世界学术介绍，最早有唐代的佛学中国化”，认为佛学中国化，“在理论知识上达到中国化的程度，而且在实践上达到一个畸形的极端（如禅宗）”。佛学中国化，就是印度佛教传入中国，和中国文化结合，演变为中国佛教，其中的佛学也与中国思想文化结合，发展为中国佛学。侯外庐认为，佛学中国化的成功，“证明中华民族的伟大创造力，并不低于德国的黑格尔思维创造力”[②]，说明他注意到了外来学说中国化过程中民族文化自信的重要性。

五四新文化运动后，青年侯外庐“力图从新知识中寻找方向、寻求力量”[③]。十余年后，他进行理性思考，认为当时外来学说中国化的基本精神，应在于“使世界知识与中国认识，在

---

① 侯外庐：《中国学术的传统与现阶段学术运动》，见张岂之：《侯外庐著作与思想研究（第二十三卷）》，长春出版社，2016 年版，第 19、20 页。

② 侯外庐：《中国学术的传统与现阶段学术运动》，见张岂之：《侯外庐著作与思想研究（第二十三卷）》，长春出版社，2016 年版，第 16 页。

③ 侯外庐：《韧的追求》，见张岂之：《侯外庐著作与思想研究（第一卷）》，长春出版社，2016 年版，第 7 页。

世界前进运动实践中和中国历史向上运动实践中，统一起来”①。

换言之，外来学说中国化的任务，首先在于让国人准确了解世界新知识、新学问。

其次，近代外来学说中国化面临两个挑战：一是传统学术思想的存在，二是近代外来学说中国化已经做了一些工作，取得了一定成就，如严复介绍进化论，成为维新运动的理论依据。又如五四以后，胡适宣传杜威的实用主义，并化繁为简，改造五步法为“大胆的假设，小心的求证”方法，用来整理国故等。侯外庐认为，对待这些改造外来学说的历史成就，“要应用世界水平的正确知识”，深入检讨和批评。当时，他已成为马克思主义学者。所谓“世界水平的正确知识”，实即马克思主义科学学说。如何检讨和批评呢？他主张，既要批判历史上的封建专制意识形态，批判清代朴学中“未能形成进步意识的自觉手段”的“学术批判精神”②，也要整理近代外来学说中国化成果，批判“资产阶级的国故学”和当时社会史研究中“继承资产阶级学者的文化史学”③。

其三，推动中国社会历史和世界历史共同前进，尤其是推

---

① 侯外庐：《中国学术的传统与现阶段学术运动》，见张岂之：《侯外庐著作与思想研究（第二十三卷）》，长春出版社，2016 年版，第 20 页。

② 侯外庐：《中国学术的传统与现阶段学术运动》，见张岂之：《侯外庐著作与思想研究（第二十三卷）》，长春出版社，2016 年版，第 3 页。

③ 侯外庐：《中国学术的传统与现阶段学术运动》，见张岂之：《侯外庐著作与思想研究（第二十三卷）》，长春出版社，2016 年版，第 21 页。

动中国革命运动前进。他年轻时就意识到，中国必须经过革命，才能建立起“一个没有压迫的世界”，给人指示出“一个新的未来”①。故他认为，当时中国学术的发展，“不仅是十八世纪学术发展之传统继承的再版，而且是中国社会运动的必然反映，以及二十世纪革命的学说发展之继承”②。外来学说中国化，就是要推进中国革命和建设的发展，推动中国传统学术的现代化，实现中国的现代化。在革命时代，外来学说中国化的办法，在和革命运动相结合，高扬“革命学说”，同时“亦需要进步知识者做精密研究的保险工作”，实即要求学者们运用严密的科学方法、辩证思维治学，因为“皮相的形式论的演绎，不能负此任务”③。

外来学说的中国化，在根本上说，有赖于中国学者独立自得的科学研究实践。侯外庐自己以马克思主义理论为指导，研究中国古代社会史和思想史，就是外来学说中国化的学术实践活动。他认为，马克思主义中国化在史学领域的表现，就是“为了使历史科学中关于古代社会规律的理论中国化”④。这就要求中国学者在学术研究中，既“不为古人所役，亦不为欧美

① 侯外庐：《韧的追求》，见张岂之：《侯外庐著作与思想研究（第一卷）》，长春出版社，2016 年版，第 8 页。

② 侯外庐：《中国学术的传统与现阶段学术运动》，见张岂之：《侯外庐著作与思想研究（第二十三卷）》，长春出版社，2016 年版，第 11 页。

③ 侯外庐：《中国学术的传统与现阶段学术运动》，见张岂之：《侯外庐著作与思想研究（第二十三卷）》，长春出版社，2016 年版，第 21 页。

④ 侯外庐：《韧的追求》，见张岂之：《侯外庐著作与思想研究（第一卷）》，长春出版社，2016 年版，第 93 页。

先进所役”，而他自述自己“委实试验着讲我自己的语言”[①]。用自己的语言讲述自己的科学学说和理论思维，应当视为努力将外来学说中国化的表现。

20世纪三四十年代，马克思主义中国化取得巨大成就，不仅中国革命理论的代表毛泽东思想产生形成，而且以唯物史观指导研究中国历史也诞生了若干学术著作，如郭沫若的《中国古代社会研究》《青铜时代》《十批判书》等。侯外庐的《中国古典社会史论》《中国古代思想学说史》等也完成于此时。关于外来学说中国化在学术实践上取得的成就，用侯外庐自己的话说很恰当。他在20世纪40年代曾经感慨写道：“中国学人已经超出了仅仅于仿效西欧的语言之阶段了，他们自己会活用自己的语言而讲解自己的历史与思潮了。从前他们讲问题在执笔时总是先取欧美和日本的足迹，而现在却不同了。他们在自己土壤上无所顾虑地能够自己使用新的方法，掘发自己民族的文化传统了。”[②] 他整体论述了当时中国哲学社会科学的发展情况，洋溢着中国学者完成外来学说中国化的豪情，展示了当时中国学者的自豪和自信；其实用这段话来衡量侯外庐自己的学术研究成果，也是恰当的。

张岂之先生客观如实而又饱含深情地评价说：“这不仅是侯外庐先生的个人体会，也是历史事实的反映。在20世纪，经过长期探索，中国马克思主义史学家不再受欧洲中心论的影响，不再言必称希腊，他们努力将历史唯物论与中国历史文化相结

---

① 侯外庐：《中国古代思想学说史·再版序言》，见张岂之：《侯外庐著作与思想研究（第八卷）》，长春出版社，2016年版，第1-2页。

② 侯外庐：《中国古代思想学说史·再版序言》，见张岂之：《侯外庐著作与思想研究（第八卷）》，长春出版社，2016年版，第1页。

合，进行创造性研究，做出了重大贡献。在经历了几十年风雨以后，今天我们回顾20世纪学术史，应当承认这样的事实，并感谢学术先行者（包括侯外庐先生）所做出的学术贡献。”① 关于外来学说尤其是马克思主义的中国化，侯外庐的历史经验值得学界珍视。长春出版社2016年3月新出《侯外庐著作与思想研究》（33卷）有比较全面的反映。这里谈两点个人学习心得，以就教于学界同仁。

二、对待马克思主义的科学态度

在我国近现代外来学说中，马克思主义是影响中国社会发展最大的理论体系。作为坚定的马克思主义学者，侯外庐对待马克思主义的态度，决不是教条、盲从，不是古代经学家“经典思维方式”的延续，而是科学对待外来学说，去粗取精，去伪存真。即在力求准确的学习、理解中，结合中国历史实际情况，加以运用和发展，建立起科学的中国思想史学科，有力推动了传统学术思想史研究的现代化。

侯外庐对待外来学说的第一条历史经验是，科学地认识和对待它。其中有几点值得注意：

第一，研究中国社会史、思想史，始终坚持以马克思主义理论为指导，始终坚持从马克思等经典作家原著中寻找理论根据。这一优良学风，和他年轻时条件十分艰苦，但在李大钊的“教诲”之下，自学德语全力翻译《资本论》有关；也和他对中国社会史论战的反思有关。侯外庐认为，在这次论战中，一

---

① 张岂之：《侯外庐著作与思想研究·总序》，《侯外庐著作与思想研究（第一卷）》，长春出版社，2016年版，第4页。

些学者“对于马克思主义的基本理论没有很好消化，融会贯通，往往是以公式对公式，以教条对教条”，以致遭到“群起攻击”。决定社会性质的根本因素是什么，大家有不同看法，“当时不少论者的认识是很肤浅的，甚至很混乱的”[①]。生产方式的具体内容是什么，大家也没有统一的理解，甚至“多少偏离了马克思的原意”。这使他认识到，“缺乏马克思主义的基本理论修养而高谈线装书里的社会性质，是跳不出梁启超、胡适‘整理国故’的圈套的”。于是，他仿效“鲁迅的翻译研究方法”，下定决心学好外文，译读《资本论》，希望“从经典著作的原著中掌握观察问题的理论和方法”[②]。经过在法国的试译和回国后的重译，延续十年，侯外庐成为我国较早汉译马克思《资本论》的代表性学者。他从经典作家原典的学习、翻译入手，准确理解马克思主义这一外来科学理论的内容和精髓。这使侯外庐在同时期马克思主义史学界，表现出较高的马克思主义理论思维水平。

这是因为他明确认识到，以《资本论》为代表作，马克思思想学说是人类理性认识自己历史进程的“科学高峰”[③]，富含真理粒子。当时国内有学人不理解马克思主义，强调中国特殊性。侯外庐批评说：“世界进步学术之传于中国，亦证明只有时代的发展性，而没有什么东西文化的先天范畴”，即学术真理没

---

① 侯外庐：《韧的追求》，见张岂之：《侯外庐著作与思想研究（第一卷）》，长春出版社，2016 年版，第 177 页。

② 侯外庐：《韧的追求》，见张岂之：《侯外庐著作与思想研究（第一卷）》，长春出版社，2016 年版，第 176 页。

③ 侯外庐：《韧的追求 · 自序》，见张岂之：《侯外庐著作与思想研究（第一卷）》，长春出版社，2016 年版，第 2 页。

有民族血缘的区别，只有时代发展的先后。“学术无南北”[①]，无东西，只有真伪、精粗的不同。这表明，侯外庐治学不仅具有世界性眼光，而且有超越华夷之辨而追求普遍真理的精神。

第二，结合具体社会历史条件，理解马克思主义学说的科学性。古希腊、古罗马、中世纪、启蒙运动，以及欧洲资本主义的兴起和发展，是马克思主义的历史源泉和社会基础，也成为侯外庐学习、理解和运用马克思主义理论研究中国史的一个重要视角。不能离开具体历史条件来理解一种思想学说，理解其中的普遍原理。这种具体历史条件，是侯外庐将唯物史观运用于中国古代社会史研究时的一个重要参照，也是他据以讨论中国古代文明路径特点的参考。

马克思主义理论，尤其是唯物史观，对人类社会历史普遍规律进行了科学总结，这种社会历史普遍规律本质上不会因中国社会历史的特点而改变。但在学术研究中，侯外庐却更加关注马克思主义普遍规律和中国社会历史实际情况的结合情况，关注它在中国的特殊表现形式。他的社会史和思想史研究，正是对这种科学理论和历史实际相结合的探索。比如，唯物史观的重要范畴生产方式，指生产力和生产关系的统一，侯外庐揭示我国古代亚细亚生产方式的特点时，在研究我国古代社会史时，不受斯大林《联共布党史教程》对生产方式定义的束缚，而将它创造性地理解为生产劳动者和生产资料的结合方式，即“特殊的生产资料与特殊的劳动力的（特殊的）结合关系”[②]。

① 侯外庐：《中国学术的传统与现阶段学术运动》，见张岂之：《侯外庐著作与思想研究（第二十三卷）》，长春出版社，2016年版，第16页。

② 侯外庐：《中国古代社会史论》，见张岂之：《侯外庐著作与思想研究（第五卷）》，长春出版社，2016年版，第30页。

如他认为殷商的“生产方法”是“氏族共同体所有的畜牧生产手段与氏族成员主要的劳动力二者之间的结合关系”，而西周的“生产方法”，则是“土地国有（即氏族所有）的生产手段与集体族奴的劳动力二者间之结合关系”[①]。经过研究，他认为西周是土地国有，春秋是土地氏族集体所有，战国才开始私有化，到汉武帝“法度”才完成。他认为，生产方式是历史发展的决定性因素，“但生产方式取得支配性地位的标志，则常常是通过上层建筑的法律形式折射出来的”[②]，故唐代“两税法”被看成划分古代封建社会前后期的标志，明代“一条鞭法”则是封建社会进入晚期的标志。这些学术观点，成为他划分我国古代社会历史阶段的重要论据。

第三，马克思主义中国化是一个历史过程，是中国人坚持和发展马克思主义的过程。马克思主义思想学说的中国化，和马克思主义在中国的传播息息相关。在当时艰难条件下，以侯外庐为代表的前辈学者，到西方寻求救国救民真理，找到了马克思主义，寻求到中国社会历史发展的社会主义道路，这是伟大的历史成就。当时处于革命时代，建设尚未提上日程，和我们今天团结一心建设中国社会主义、实现中华民族振兴的历史任务不同；加之 1949 年以前马克思等经典作家的原著很难找到，其后《马克思恩格斯全集》汉译第一版的编辑出版于 1985 年才完成。在这种学术条件下，学人们要完整、准确地理解马克思主义无疑有困难。但是，从马克思原著出发，侯外庐和苏

---

① 侯外庐：《中国古典社会史论》，见张岂之：《侯外庐著作与思想研究（第五卷）》，长春出版社，2016 年版，第 361、363 页。

② 侯外庐：《韧的追求》，见张岂之：《侯外庐著作与思想研究（第一卷）》，长春出版社，2016 年版，第 196 页。

联史学家商榷的学术勇气，令人钦佩。在侯外庐看来，我们在学习外来马克思主义学说的时候，也应科学地看待他们的观点，不能照抄照搬。

在艰难的历史条件下，以侯外庐为代表的中国马克思主义史学家，在学习、理解马克思主义理论时，没有局限于经典作家的某些结论或具体观点，而是结合史学研究实践，“九一八”事变后更是“投身到群众革命斗争的行列中去”[①]，给工人、学生、市民等宣讲马克思主义，这样逐步学习和理解马克思主义的劳动群众立场、以生产方式为核心的历史理论、逻辑和历史统一的辩证思维方法。

侯外庐对待马克思主义的科学态度，有其深厚的中西文化渊源。一方面源于他对马克思达到的“科学高峰”由衷地“仰慕”，他树立的“共产主义拯救中国的理想”，体现了他自己深厚的马克思主义理论修养；另一方面也和他对中国传统优良学风的准确认识和传承有关。侯外庐既“爱羡王船山六经责我开生面的气魄”，特别看重学术创新，又嫉恶如仇，有英勇战斗精神，故“最能理解鲁迅先生为民族前途，交织着忧愤和信念的、深沉而激越的、锲而不舍的‘韧’的战斗”[②]。中西文化精神在侯外庐的学术思想中并存、交汇，呈现为出入和会通中西学说的格局。这当然离不开侯外庐自身的学术奋斗，也是近代中西文化交流下中国学者学习西方文化的历史产物。具备中西文化修养的学者，自然有国际视野、世界眼光，自能在中西历

① 侯外庐：《韧的追求》，见张岂之：《侯外庐著作与思想研究（第一卷）》，长春出版社，2016年版，第33页。

② 侯外庐：《韧的追求·自序》，见张岂之：《侯外庐著作与思想研究（第一卷）》，长春出版社，2016年版，第2页。

史比较中，发掘中国古代社会史、思想史的发展线索，准确揭示中国社会史和思想史的特点。

三、创造性研究中国问题

即使像马克思主义唯物史观这样科学的外来学说，也须借助学者的创造性研究，让它与特定历史实际相结合，才有旺盛的生命力。在唯物史观指导下，侯外庐借助外来新知识、新学说，创造性地研究中国新问题，发明新的研究方法，得出关于中国社会历史问题的新结论，体现出中国史学在唯物史观指导下的全新气象。马克思主义不是教条，而是一切从实际出发，实事求是，不断进行创造性学术研究。这是侯外庐对待外来学说的第二条历史经验。

其一，借助外来学说的视野，发现和找准中国问题，作为外来学说中国化的学术研究的起点。换言之，外国问题必须中国化，转换为中国问题。

近代中国的历史任务表面看是古今中西之争，其实质是中国向何处去，如何才能摆脱贫穷落后挨打困局，实现民族振兴、文明复兴的问题。民族民主革命与近代化建设交织，但革命终究成为近代历史的主旋律。侯外庐所处的时代，主要在中华民国刚刚建立的时期，五四新文化运动蓬勃开展，马克思主义传入了中国。有志青年意气风发，迎接新知识、新学问的到来。但中国向何处去的问题并没有根本解决，“反封建反帝国主义”① 革命依然是近代历史的任务。为此，对中国社会史进行

① 侯外庐：《中国学术的传统与现阶段学术运动》，见张岂之：《侯外庐著作与思想研究（第二十三卷）》，长春出版社，2016 年版，第 6 页。

研究、总结，准确把握当时中国社会的性质和历史使命，就成为史学的重要任务。在这种情况下，中国社会历史发展阶段、当时中国社会的性质等问题，便成为学界关注的中心问题。解释历史，为现实革命实践服务，是当时马克思主义史学的基本特点。

在20世纪20年代后期到30年代初，围绕中国社会性质等问题，学界展开了广泛论战，侯外庐认为，这是外来学说中国化引起的，是“马克思主义与中国革命实际相结合过程中必然发生的一场思想理论斗争”①。论战的总主题是中国社会当时处于什么历史阶段，是资本主义，封建社会，还是半殖民地半封建社会，进而深化为亚细亚生产方式、中国古代有无奴隶社会等历史问题的争论。中国共产党人认为当时的中国为半殖民地半封建社会，应该进行民主革命。郭沫若等学者以唯物史观为指导，运用大量材料，对中国史上的奴隶社会进行了科学论证，侯外庐认为，这标志着中国马克思主义史学——“科学的中国历史学”的诞生。郭老认为西周是奴隶社会，春秋战国是转变时期。侯外庐却不同意，认为郭沫若《中国古代社会研究》在方法上“对于经济学的历史范畴之应用”“不能令人满意”②；在内容上，它“仅是《家族、私产、国家起源论》的前半部，而忽视了后半部希腊、罗马、日耳曼三个类型的国家成立底基本材料。”他还认为，“研究中国的古典社会，至少要依据古典国家的一般合法则性（如氏族贵族的国家向显族贵族的国家去

① 侯外庐：《韧的追求》，见张岂之：《侯外庐著作与思想研究（第一卷）》，长春出版社，2016年版，第173页。

② 侯外庐：《韧的追求》，见张岂之：《侯外庐著作与思想研究（第一卷）》，长春出版社，2016年版，第175页。

发展），同时更研究各个类型的特殊合法则性（如以上两个阶段有具体性）。”[①] 即从史料出发，也不能忽略“中国古代社会的基本法则”[②]。经过研究，侯外庐发现，“西周始终没有达到典型的‘显族’阶段（以土地财产为单位，撞破了第一期的氏族组织单位）”，春秋战国的转变指什么，尚不清楚[③]。后来，侯外庐研究中国古代社会史，撰写了《中国古典社会史论》《中国封建社会史论》等著作，并“研究和解释中国历史各经济阶段与政治思想、学术思想的关系”[④]，转向中国思想史研究。可见侯外庐所针对的学术问题，源于马克思主义的理论修养，是恩格斯研究过的“氏族、财产、国家等问题的研究在中国的引申和发展”[⑤]，也建基于国内马克思主义学者的具体研究成果，是对早期马克思主义史学研究的进一步探索和推进。

侯外庐认为，“马克思主义哲学（特别是唯物史观），在这场论战中得到了广泛传播的机会，也收到了意义深远的效果”[⑥]，即指唯物史观和中国历史研究相结合，从学术上、理论上解决现实问题，外来的马克思主义思想学说借此机会进入了

---

① 侯外庐：《中国古典社会史论》，见张岂之：《侯外庐著作与思想研究（第五卷）》，长春出版社，2016 年版，第 331 页。

② 侯外庐：《韧的追求》，见张岂之：《侯外庐著作与思想研究（第一卷）》，长春出版社，2016 年版，第 90 页。

③ 侯外庐：《中国古典社会史论》，见张岂之：《侯外庐著作与思想研究（第五卷）》，长春出版社，2016 年版，第 343 页。

④ 侯外庐：《韧的追求》，见张岂之：《侯外庐著作与思想研究（第一卷）》，长春出版社，2016 年版，第 53 页。

⑤ 侯外庐：《中国古代社会史论·自序》，见张岂之：《侯外庐著作与思想研究（第五卷）》，长春出版社，2016 年版，第 5 页。

⑥ 侯外庐：《韧的追求》，见张岂之：《侯外庐著作与思想研究（第一卷）》，长春出版社，2016 年版，第 30 页。

中国历史学等学术研究实践中，中国马克思主义史学开始进入蓬勃发展时期。

其二，借助外来学说的科学方法和辩证思维，结合我国传统考证辨伪等治学方法，解释史料，明晰史实，即外来方法也应中国化，发明创新中国方法。

运用外来学说的方法研究中国材料，是外来学说中国化不可缺少的一步。侯外庐的学术方法，要在“将马克思主义的观点和方法应用于中国历史的研究”，“致力于用马克思主义的观点和方法解释中国社会史和思想史”。十年翻译和研究《资本论》，训练了他的“思维能力、思维方式和研究方式”，为他“赢得了理论上的武装”，成为他社会史和思想史研究的“真正支柱”①。受《资本论》影响，侯外庐重视政治经济学的意义。他翻译《资本论》外，还写了不少经济学方面的文章。他认为，“广义的经济学在其本身便是经济范畴的历史学，狭义的经济学在其本身便是资本主义经济的范畴的历史学”②。这一看法，和马克思《资本论》从经济角度入手研究社会历史问题的路径，完全一致。侯外庐将经济学和历史学统一起来，研究中国历史问题，解释中国社会历史的演进和特点，这在中国马克思主义史学中最为突出。

还要注意，深受清代乾嘉朴学实证方法的影响，侯外庐对我国传统文献学方法也很重视。侯外庐认为，在社会史论战中，“不少论者缺乏足以信征的史料作为基本的立足点，往往在材

---

① 侯外庐：《韧的追求》，见张岂之：《侯外庐著作与思想研究（第一卷）》，长春出版社，2016年版，第53、72、54页。

② 侯外庐：《中国古典社会史论》，见张岂之：《侯外庐著作与思想研究（第五卷）》，长春出版社，2016年版，第359页。

料的年代或真伪方面发生错误"[①]，留下了深刻教训。故他反对用经典作家的概念，任意裁剪史料；提倡从历史实际出发，从史料出发，在史料辨析基础上进行理论分析，论从史出。他明确提出，"研究中国思想史的第一步，当以文献学为基础，作者的时代，著书的真伪，文字的考证，材料的头绪，皆专门学问"[②]。这方面，他受王国维、郭沫若等甲骨文、金文研究成果的影响很大。重视从材料出发进行论断，《中国思想通史》可以作为代表。有学者评价说，《中国思想通史》"似可作为比较系统完整的关于中国思想史的资料汇编来读"[③]。

在侯外庐那里，最重要也是比较成熟的研究方法，是大家熟知的思想史和社会史相结合，以及这一方法背后的逻辑与历史统一的辩证思维方法。这个方法经受住了历史考验，已经为越来越多的学人所认同、运用。所谓"侯外庐学派"，就是以对这个方法的认同和应用为核心内容的。

此外，学界不大注意，侯外庐治学还有一个重要方法，即追本溯源法。这一方法，实际上是对历史思维的具体运用，在马克思那里，在传统学术思想里，都有其深厚渊源。例如，侯外庐为五四新文化运动这一启蒙运动，寻找中国思想史的渊源，提出了著名的明末清初到清代"早期启蒙思想"论断，影响很大。侯外庐为革命理论寻找中国思想史的历史渊源，在古代发掘出不少"异端"思想家，认为从墨子到鲁迅，中国思想史上

① 侯外庐：《韧的追求》，见张岂之：《侯外庐著作与思想研究（第一卷）》，长春出版社，2016 年版，第 176 页。

② 侯外庐：《中国古代社会史论·自序》，见张岂之：《侯外庐著作与思想研究（第五卷）》，长春出版社，2016 年版，第 2 页。

③ 张岂之：《侯外庐著作与思想研究·总序》，《侯外庐著作与思想研究（第一卷）》，长春出版社，2016 年版，第 6 页。

存在着“异端”思想传统。侯外庐为中国社会历史的特点寻找历史渊源，发掘出宗法社会氏族残余因素，这些因素不仅影响到统治阶级及其思想，也制约了古代劳动群众及其意识。运用这一方法时，都从材料出发，实事求是，尽量做到“一丝不苟”，“精雕细琢”①，故其结论也经得住历史考验。

其三，结合马克思、恩格斯关于人类社会历史发展规律的理论，比较古希腊、古罗马、日耳曼的历史情况，归纳我国古代社会史和思想史的特点，并将“社会史和思想史贯通起来”②，建立起中国马克思主义的历史解释体系，证明并展示“中华民族的伟大创造力”，提升民族自信心。

外来学说不能直接照抄照搬，应该结合中国情况，针对中国问题，从中国实际出发，分析和解决中国问题，得出科学结论。侯外庐研究中国古代社会史和思想史，有许多重大发现。如他认为，我国进入文明社会的路径和古希腊不同，保留了氏族血缘关系，是所谓早熟的文明小孩。他还认为，古典的古代是革命路径，是正常发育的文明小孩；亚细亚的古代却是改良路径，“氏族制度仍然保存在文明社会里”③，是“人惟求旧，器惟求新”的“其命维新”④ 的奴隶制。侯外庐由此进一步解释了宗法血缘因素对中国古代社会产生的深远影响，认为“氏

① 侯外庐：《韧的追求·表彰杜国痒语》，见张岂之：《侯外庐著作与思想研究（第一卷）》，长春出版社，2016 年版，第 151 页。

② 侯外庐：《韧的追求》，见张岂之：《侯外庐著作与思想研究（第一卷）》，长春出版社，2016 年版，第 93 页。

③ 侯外庐：《中国古代社会史论·自序》，见张岂之：《侯外庐著作与思想研究（第五卷）》，长春出版社，2016 年版，第 4 页。

④ 侯外庐：《韧的追求》，见张岂之：《侯外庐著作与思想研究（第一卷）》，长春出版社，2016 年版，第 93 页。

族公社的保存和土地私有制的缺乏，是中国古代社会的一个特点。而且到后来的郡县制下，也还是把氏族公社的单位保存了下来，产生了中世纪乡党族居的小农制”①，中国古代思想由此也深受影响。用今天传承优秀文化的眼光看，侯外庐关于文明路径的研究和结论，从文明角度研究和表述中国历史，已经稍稍透露出中华文明史研究的曙光。

晚年，侯外庐评价中国马克思主义史家为了“振兴民族”而进行的学术创造性工作说：“半个多世纪来，中国新兴史学队伍赢得科学，挣脱枷锁，是有所作为，无愧时代和民族的。在这个队列的名录中，有郭沫若、李达、杜国庠、吕振羽、翦伯赞、范文澜、吴晗、尚钺、尹达……与他们为伍，是我的殊荣。”② 前辈学者努力将马克思主义思想学说和中国革命、建设事业相结合，取得了巨大成就，为中国思想史学科的发展繁荣奠定了坚实基础。相信他们取得的这些成就和历史经验，也必将成为新时期中国学人融会中西学说、贯通古今思想，进行学术创新的有力支撑。

---

① 侯外庐：《韧的追求》，见张岂之：《侯外庐著作与思想研究（第一卷）》，长春出版社，2016 年版，第 186 页。

② 侯外庐：《韧的追求 · 自序》，见张岂之：《侯外庐著作与思想研究（第一卷）》，长春出版社，2016 年版，第 2 页。

谈谈有关“启蒙”的话题

——以侯外庐先生的启蒙思想研究为中心

张海燕
（中国社会科学院历史研究所）

自15世纪以来，启蒙开始席卷西方社会，它从根本上改变了人的生存状况和精神世界，创生了现代化与现代人。当然，启蒙现象并非囿于西方，它是数百年以来世界历史的共同主题，系人类社会发展史上古今划界的过程与标志。

侯外庐先生曾指出，中国自明中后期始已由中古社会渐入近代社会，由此以降至五四运动这三百年的思想发展历程，启蒙思潮贯穿始终。它以鸦片战争为分界，前为“启蒙者的先驱”和“早期启蒙思想”，后为“近代启蒙思想”。对于中国启蒙思潮的进步性和历史功绩，侯外庐先生给予了充分肯定和高度评价。

这里拟围绕侯先生的中国启蒙思想研究，就学术界有关启蒙的热点话题，做些延展性的述介与讨论，以期进一步推进相关的理论问题。

一、启蒙思想与文艺复兴

侯外庐先生的明清之际“早期启蒙说”，确立于抗战期间写的《中国近世思想学说史》一书，由重庆三友书店于1945

年出版，1947 年更名为《近代中国思想学说史》，再版于上海生活书店。20 世纪 50 年代中期将该书明末到鸦片战争前的部分单独修订成册，定名为《中国早期启蒙思想史》，并列入《中国思想通史》第五卷。同时，还有一些相关的学术论文相继问世。侯外庐先生把早期启蒙思潮的理论形态归结为“个人自觉的近代人文主义”，认为它集中体现于自由、平等和人权等观念，成为近代启蒙思想的理论基石。

侯先生指出，中国早期启蒙思潮呈现了如下一些特点：

第一，新的社会经济关系及其矛盾，当时还只是在萌芽状态中。中国的启蒙者如何心隐、李贽以至王夫之、黄宗羲、顾炎武和颜元等人，都以各种表现方式，强烈地仇视农奴制度及依存于它的一切产物。他们在所谓“封建”和“郡县”的各种历史问题争辩之中，反对封建国有土地制和大地产的占有制，反对一切政治法律上的束缚，反对特权和等级制度，反对科举制度（时文）。

第二，中国的启蒙者拥护教育、自治和自由。如东林党自由结社讲学的主张，顾炎武等人地方自治的主张，黄宗羲等人的教育主张，都是代表。

第三，他们同情人民的利益，特别是农民的利益，尽管他们多数并不同情农民暴动。他们程度不等地表现出初期民主思想。他们对于农民所受的中世纪压迫的痛苦，无例外地表示出控诉和抗议，王夫之的《黄书》《噩梦》便是代表作。但是，他们都把自己的理想和万年乐土或所谓“天地之道”与“百王之法”等同起来。

侯外庐的“早期启蒙说”在学术界反响甚大，其中也不乏否认明清之际存在早期启蒙思潮的声音。

近年，汤一介先生发表《启蒙在中国的艰难历程》① 一文，亦对“早期启蒙说”提出质疑。他认为：“在当代中国学术界，虽然常常把16 世纪明末发生的反对封建专制的‘存天理、灭人欲’的礼教，抨击禁欲主义，高扬个性，‘独抒性灵，不拘格套’的‘唯情主义’，看做是新的价值观和人文主义的表现，并以‘启蒙思潮’、‘启蒙文化’、‘启蒙思想’、‘具有某种启蒙的质性’等等，来说明明末的这场社会运动。但是它和18 世纪在欧洲发生的‘启蒙运动’在性质上是不同的……”他赞同这样两点看法：“（1）虽然对16 世纪明末的反封建礼教用了‘启蒙文化运动’来说明，但认为它仅仅相当于14 世纪开始的‘文艺复兴’，并不与18 世纪的欧洲的‘启蒙运动’相似，因此从思想上看并没有提出建立民主共和政体或君主立宪政体的要求；（2）这次‘启蒙的文化运动’是土生土长的，它和西方‘启蒙运动’、‘要敢于运用理性’是大不相同的，而是以张扬‘情感’的一种‘唯情主义’的社会思潮的人性解放运动。”

我们知道，1784 年，当启蒙运动基本大功告成之际，康德在《什么是启蒙》一文给出经典性的定义。他说：“启蒙运动就是人类脱离自己所加之于自己的不成熟状态。不成熟状态就是不经别人的引导，就对运用自己的理智无能为力。当其原因不在于缺乏理智，而在于不经别人的引导就缺乏勇气与决心去加以运用时，那么这种不成熟状态就是自己所加之于自己的了。Sapere aude（要敢于认识）！要有勇气运用你自己的理智！这就

---

① 汤一介：《启蒙在中国的艰难历程》，《北京大学学报（哲社版）》，2012 年第2 期，第5－11 页。

是启蒙运动的口号。”[①] 卡西尔则从方法论上界定启蒙运动，认为，被启蒙运动树为旗帜的“理性”的真正功能在于分析还原和理智重建，此是启蒙哲学最根本的方法论特征。[②] 至于主张民主共和政体或君主立宪政体，只是启蒙运动的一般性政治倾向与理想，并非其本质规定，也没有普遍的概括性，如英国的启蒙思想家霍布斯就赞同君主专制，“法国三杰”之一的伏尔泰则渴望开明的或理性的专制。相形之下，中国历史上被称为“清初三大师”的王夫之、顾炎武和黄宗羲，他们对理性的推崇和对蒙昧主义、专制主义的批判，绝不逊色于欧洲的启蒙哲人，王夫之的《黄书》《噩梦》、顾炎武的《天下郡国利病书》、黄宗羲的《明夷待访录》等等，都是结构精心、逻辑谨严而洋溢着理性精神和批判意识的政论经典著作。例如黄宗羲的《明夷待访录》，这部治国大纲以公私之辨为主线，从君为公与谋私、臣为万民与为一姓、“天下之法”与“一家之法”，“公其非是”与“自为非是”，“天下之利”与“天下之害”等不同理论层面展开讨论，辨名析理、追根溯源，最终得出“为天下之大害者，君而已矣”[③] 的惊天结论，颠覆了维系数千年的“家天下”的官方意识形态，堪为理性批判的结晶。姑且不论把“重情主义”作为“文艺复兴”的时代标签是否恰当，但用它冠于明清早期启蒙思想，确有张冠李戴之嫌。将中国早期启蒙思潮比拟于欧洲文艺复兴并非什么时兴的说法，当年梁启

---

① 康德：《答复这个问题：“什么是启蒙运动?”》，见《历史理性批判文集》，何兆武译，商务印书馆，2007 年版，第 23 页。

② 卡西尔：《启蒙哲学》，顾伟铭等译，山东人民出版社，2007 年版，第 3 –4 页。

③ 黄宗羲：《明夷待访录 · 原君》。

超和胡适就曾说清代学术与文艺复兴相类，但“这充其量只是一种现象形态的类比”[①]。至于清代诉诸情感的文学作品一度成为批判封建意识形态的主要形式，那是清统治者的文化专制致使启蒙受挫后的特定情势使然，亦非早期启蒙思想家的常规和主要的思想工具和话语表达式。正如侯先生所说，“十七世纪的启蒙运动虽然受了挫折，但它的政治的、社会的形式却被文学的形式所代替，例如《儒林外史》《红楼梦》《镜花缘》便是这个时代的代表创作”[②]。

一般来讲，西方是从 14 至 15 世纪开始文艺复兴，16 世纪展开宗教改革，17 世纪迎来科学革命，17 至 18 世纪掀起启蒙运动[③]，这些思想运动有一个前后相续的大致的历史时段。但启蒙运动和文艺复兴之间作为近代思想解放运动，并非泾渭分明，判然两隔，西方学术界就有人将启蒙运动视为文艺复兴的

---

① 萧萐父、许苏民：《“早期启蒙说”与中国现代化》，见《江海学刊》，2003 年第 1 期；张岂之：《侯外庐著作与思想研究（第三十卷）》，长春出版社，2016 年版，第 707 页。

② 侯外庐：《中国思想通史（第五卷）》，人民出版社，1956 年版，第 403 页；侯外庐：《中国封建社会史论》，人民出版社，1979 年版，第 283 页；张岂之：《侯外庐著作与思想研究（第十八卷）》，长春出版社，2016 年版，第 382 页；张岂之：《侯外庐著作与思想研究（第六卷）》，长春出版社，2016 年版，第 263 页。

③ 彼得·盖伊：“传统的做法是把启蒙运动界定在英国革命和法国大革命之间的一百年。”见《启蒙时代（上）》，刘北成译，上海人民出版社，2015 年版，第 13 页。《牛津哲学的伴侣》“启蒙运动”条：“指称开始于十七世纪的英国与发展于十八世纪的法国和德国的思想运动，但实际上影响了欧洲各国以及生活和思想的各个方面。启蒙运动主导的时代被称为‘启蒙时代’或‘理性时代’。”见“Enlightenment ” in *The Oxford Companion to Philosophy*, edited by Ted Honderich, Oxford University Press, 1995, P236 - 237.

最后一幕，又有的将启蒙运动向前扩展，认为始于文艺复兴。[①]文艺复兴兴起于意大利的佛罗伦萨和威尼斯等城市，并传播于西欧各国。它以复兴希腊、罗马的古典文化为旗号，摒弃中世纪“神本位”的世界观而确立“人本位”的人文主义精神，其以古典为借鉴、复古为形式开启了近代文化的转化进程。而启蒙哲人把科学革命的思维方法和世界观运用于社会问题的剖析，崇尚理性、理性至上，坚信人类文明进步的进化论。启蒙运动对理性的高扬，将科学从宗教神学的束缚中解放出来，从而为工业革命的发生创造了条件。总之，从文艺复兴到启蒙运动的诸种思潮，一脉相承，前后相继，虽各有侧重，又互相包涵。

西方的“文艺复兴”和“启蒙运动”都是自我命名的，[②]均是从中世纪向近代转折中思想解放运动的具体体现。侯先生就是从广义上理解西方的启蒙思想，并将明清进步思潮与之相互对照的。侯外庐先生提出和使用的明清“早期启蒙思潮”的概念，他所引以为参照的西方启蒙思想，实涵盖了从文艺复兴、宗教改革至启蒙运动的整个思想解放运动。在《中国思想通史》第五卷，侯先生指出：黄宗羲的社会理想近似于欧洲宗教改革时代的城市平民反对派异端；[③] 王夫之以外的清初学者的

---

① 彼得·盖伊：《启蒙时代（上）》，刘北成译，上海人民出版社，2015 年版，第 14 页；江怡：《当代哲学与新的启蒙》，《苏州大学学报》，2011 年第 3 期（《新华文摘》，2011 年第 18 期转载，第 34 页）。

② “文艺复兴”（Renaissance）一词为 16 世纪意大利艺术家瓦萨里首先使用；“启蒙运动”（Enlightenment）源自牛顿力学和光学成就而启发的“光明”的隐喻。

③ 侯外庐：《中国思想通史（第五卷）》，人民出版社，1956 年版，第 145 页；张岂之：《侯外庐著作与思想研究（第十七卷）》，长春出版社，2016 年版，第 134 页。

“复古制”之说，梁启超以文艺复兴的观点比拟说“复古即解放”，命题虽不正确，但接近事实；[①] 欧洲宗教改革时代之上帝新诠，在中国则为先王新诠，顾炎武也尽其通经之能事以解释先王，从而发挥自己的新说；[②] 文艺复兴时代的哲人一反过去，把生活看作美丽的存在，把人类看作最完善的创造者，把欲望看作生长发育的动力，颜元的世界观和人类观，就富于这样历史的进步性；[③] 颜元的知识论相似于培根而更强调知识以实践为标准的理论，培根反对过当时经院学说的流派，颜元攻击道学的斗争精神更要比培根果敢而坚强些，三百年前中国出现了这样人物，值得我们把培根姑且摆在他的近代地位之下。[④] 上引侯先生的这些论断就是将中国早期启蒙思想家与西方的文艺复兴、宗教改革、科学革命和启蒙思想交相比照，以凸显其启蒙的特质，即人文精神和理性主义。

侯先生此举看似有点大而化之，却又不失历史的真实。在异质文化的比较中，相似性也只能就大体的精神气质而言，而不能过分拘泥于细微末节、硬性地对号入座。当然，西方近代

---

① 侯外庐：《中国思想通史（第五卷）》，人民出版社，1956 年版，第 150 – 151 页；张岂之：《侯外庐著作与思想研究（第十七卷）》，长春出版社，2016 年版，第 139 页。

② 侯外庐：《中国思想通史（第五卷）》，人民出版社，1956 年版，第 251 页；张岂之：《侯外庐著作与思想研究（第十七卷）》，长春出版社，2016 年版，第 235 页。

③ 侯外庐：《中国思想通史（第五卷）》，人民出版社，1956 年版，第 349 页；张岂之：《侯外庐著作与思想研究（第十七卷）》，长春出版社，2016 年版，第 329 页。

④ 侯外庐：《中国思想通史（第五卷）》，人民出版社，1956 年版，第 374 – 375 页；张岂之：《侯外庐著作与思想研究（第十七卷）》，长春出版社，2016 年版，第 354 页。

以来的思想解放运动与明清之际的早期启蒙思潮二者之间的相似性毕竟大于相异性，这是进行比较的前提，否则，其相似性也只能是似是而非的相似，没有比较的意义。

二、资本主义萌芽与现代化初端

在思想史的研究中，侯外庐先生强调思想史与社会史的内在联系与矛盾运动，既注重从社会历史背景来把握和透视思想观念，同时又注重通过思想史的研究来考察和审视社会史。侯外庐先生的“早期启蒙说”，就是基于对明末清初社会历史发展阶段的认知。他指出，中国启蒙思想开始于十六七世纪之间，这正是“天崩地解”的时代，思想家们在这个时代富有“别开生面”的批判思想。17 世纪的中国社会已存在资本主义的幼芽，这是从 16 世纪中叶开始的，“启蒙时代思想的轴线也是和资本主义萌芽状况的发展的轴线相平行着的”[①]，黄宗羲、顾炎武和王夫之等人的经世致用之学或实际实物实效之学，“是中古绝欲思想的对立物，是进步的资产阶级先辈的先进思想”[②]。同时，侯外庐先生清醒地指出中国早期启蒙思想与西方和俄国之间的区别，他说：

十六世纪末以至十七世纪的中国思想家的观点，

---

① 侯外庐：《中国思想通史（第五卷）》，人民出版社，1956 年版，第 32 页；张岂之：《侯外庐著作与思想研究（第十七卷）》，长春出版社，2016 年版，第 29 – 30 页。

② 侯外庐：《中国思想通史（第五卷）》，人民出版社，1956 年版，第 33 页；张岂之：《侯外庐著作与思想研究（第十七卷）》，长春出版社，2016 年版，第 30 页。

> 是中国社会经济发展特点和中国社会条件的反映，它不完全等同于西欧以至俄国的“资产者—启蒙者”的观点，然而，在相类似的历史发展情况之下，启蒙运动的思潮具有一般相似的规律。①

> 从16世纪以来，中国的历史没有如欧洲那样走向资本主义社会，这并不等于说，中国封建社会没有解体过程，没有资本主义的形成过程。关键在于，既在封建社会的母胎内产生了资本主义的萌芽形态，又在发展过程中未能走进近代的资本主义世界，这即是如马克思说的，既为旧的所苦，又为新的发展不足所苦，死的抓住活的（参看《资本论》序言）。资本主义要排斥身份性的人格依附，然而封建主义的顽强传统又要维持这样的人格依附。这就是问题，这就是矛盾。对于从明代以来的这种新旧矛盾，我们既不能割断历史，否定中国封建社会内部的顽强传统的历史，如上面所述的，又不能忽视历史发展的客观条件，否定资本主义的形成过程。②

对侯先生关于早期启蒙思想及其阶级属性的说法，海外华裔学者余英时先生提出异议，他说：

---

① 侯外庐：《中国思想通史（第五卷）》，人民出版社，1956年版，第26页；张岂之：《侯外庐著作与思想研究（第十七卷）》，长春出版社，2016年版，第24页。

② 侯外庐：《中国思想通史（第五卷）》，人民出版社，1956年版，第16页；张岂之：《侯外庐著作与思想研究（第十七卷）》，长春出版社，2016年版，第15页。

> 大陆上有些学者如侯外庐提出一个说法，以为继宋明理学之后，清代在思想史上的意义是一种启蒙运动。这是照搬西洋名词 Enlightenment。这种“启蒙运动”照他们的阶级分析说，则是代表一种市民阶级的思想。这种说法当然是用马克思的史观来解释清代思想的经济背景，我也不愿意说它完全没有根据。比如说黄宗羲在《明夷待访录》财计篇中曾反驳世儒“工商为末”之论，并明确提出“工商皆本”的命题。这与传统儒家以农为本的思想大不相同。但如果我们因此就说顾炎武、黄宗羲这几位大师的立说，全是为了代市民阶级争利益而来，恐怕还是难以成立的。[①]

余氏在该文热衷于从“尊德性”到“道问学”的内在理路，来探讨宋明清的思想发展，这确有所见、别有洞天，但泥于此途也难免把思想史理解成内在封闭自足的系统而忽视了观念所产生的社会历史场景。其实，侯先生十分重视宋明理学与明清之际进步思想之关系的辨析，但认为思想流变必须最终从社会经济的变动中予以把握和说明，否则将成为无源之水。至于启蒙思想家的阶级定向，则是个复杂的问题。历史上的哲学家、思想者和理论家属于士大夫阶层，这是个不安定的、只有相对的阶级性的阶层，即所谓“无社会依附的知识分子”。教育是知识分子共同的社会学纽带，正唯如此，“它以引人瞩目的方式把它们联结在一起。分享一个共同的教育遗产，会逐渐

---

① 余英时：《中国思想传统的现代诠释》，江苏人民出版社，1989年版，第 208 页。

消除他们在出身、身份、职业和财产上的差别，并在各人所受教育的基础上把他们结合成一个受过教育的个人的群体”。但是，亦如曼海姆指出的那样，“最大的错误莫过于错误地解释这一观点，以为个人的阶级和身份联系会由于这种效力而完全消失”①。社会中的不同阶级或阶层有着不同的体验世界的方式，知识分子作为相对独立的知识阶层其社会角色是为社会提供一种对世界的综合性、整体性的解释，但也无可避免地带有特殊阶级或阶层关系的烙印。若从呼唤现代性的政治立场和思想倾向看，说启蒙思想家总体上代表了新兴市民阶级的诉求与利益，应是没有问题的。

关于早期启蒙思潮得以依存的资本主义萌芽的时代属性，也是历有争议。“资本主义萌芽”问题始于20世纪30年代的社会史大论战，在20世纪50年代中期至60年代中期特定的政治环境中曾有过热烈的讨论。而时至今日，这个问题就似乎变得有点不合时宜，被学术界所冷落甚或被嘲讽为中国人的“资本主义萌芽的情节”②。近年有学者明言“资本主义萌芽”说法的若干重大问题，认为：首先，“这个研究实际上是以欧洲经验作为参照系来研究中国”，这是“由‘别人有，我们也有’的‘争气’心态引起的对西方的比附，从根本上说，乃是缺乏民族自信心的一种表现”；其次，诸如到底什么是资本主义这类资本主义萌芽研究赖以进行的理论基础发生动摇，以此为根基所谓资本主义萌芽也就成了无本之木；再次，“以往资本主义

① 卡尔·曼海姆：《意识形态与乌托邦》，黎鸣等译，商务印书馆，2000年版，第158－159页。

② 厉以宁：《资本主义的起源——比较经济史研究·序言》，商务印书馆，2003年版。

萌芽的基本出发点，是世界各民族的历史发展都必然遵循一条共同的道路”，“中国从来没有经历资本主义的历史阶段这一历史事实，雄辩地证明了资本主义并非中国历史发展的必经阶段”。其总结说：“尽管我们过去对欧洲经验的认识并不一定正确，尽管‘资本主义是中国历史发展的必经阶段’这一论断与中国近代历史的实际进程不符，但是我们仍然坚信中国传统社会中必定有资本主义萌芽。这种信念的基础，是认为中国应当而且必定能够按照欧洲近代发展的模式去发展。然而，史学所研究的对象，只能是过去确实发生过的事，而不是按照某种逻辑或理念‘应当’发生的事。”①

上述有关社会发展模式和进步历史观问题，牵涉甚广，不遑详论；而且见仁见智，难求一律。其实，从学理上讲，没有经历资本主义阶段并不等于说就没有出现过其萌芽形态，正如前引侯先生的话说，“从 16 世纪以来，中国的历史没有如欧洲那样走向资本主义社会，这并不等于说，中国封建社会没有解体过程，没有资本主义的形成过程”②。对于资本主义萌芽的论证，主要是个实证问题，侯先生强调从史料出发、以史为据，他从土地所有制关系的转变、手工业的繁荣和海外贸易的发展等三个方面考察了 16 世纪中叶至 17 世纪初叶的资本主义萌芽的情况，并从思想史角度的研究折射出资本主义萌芽的存在。

---

① 李伯重：《资本主义萌芽研究与现代中国史学》，《历史研究》，2000 年第 2 期，第 22－24 页。

② 侯外庐：《中国思想通史（第五卷）》，人民出版社，1956 年版，第 16 页；张岂之：《侯外庐著作与思想研究（第十七卷）》，长春出版社，2016 年版，第 15 页。

可谓有史有据、言之凿凿。[①] 近年，明史专家樊树志先生著有《晚明大变局》一书[②]，指出晚明的确出现了社会大变局，这主要体现在“海禁—朝贡”体制的突破、卷入全球化贸易的浪潮、江南市镇的崛起、多层次商品市场的繁荣、思想解放的潮流、西学东渐与放眼看世界和文人结社与言论活跃的新气象等六个方面。他认为：“晚明的大变局自然不是中国内部悄悄发生，而是有世界背景的，或者说在世界潮流的激荡下逐渐显现的。”[③] 可见，无论我们是否认同资本主义萌芽的说法，明末清初的社会巨变是真实发生的，关键是怎样解读这一大变局，哪种理论视域更有说服力、概括力。

至于说资本主义乃系“欧洲经验”，应该说，西方现代文明即资本主义，确有其独特的历史渊源和文化基因。亨廷顿就指出，西方类型的现代文明有其独特特征，大体包括古典遗产，天主教和新教，欧洲语言，精神权威和世俗权威的分离，法治，社会多元主义，代议制，个人主义等，“西方将这些因素结合在一起，构成了西方之为西方的东西，但不是西方之为现代的东西”[④]。

然而，人类历史发展到今天已经表明，资本主义只是现代

---

① 侯外庐：《中国思想通史（第五卷）》，人民出版社1956年版，第6－36页；侯外庐：《中国封建社会史论》，人民出版社，1979年版，第251－283页；张岂之：《侯外庐著作与思想研究（第十七卷）》，长春出版社，2016年版，第3－32页；张岂之：《侯外庐著作与思想研究（第六卷）》，长春出版社，2016年版，第234－254页。方光华：《侯外庐学术思想研究》，三联书店，2015年版，第70－81页。

② 樊树志：《晚明大变局》，中华书局，2015年版。

③ 樊树志：《晚明大变局》，中华书局，2015年版，第1页。

④ 亨廷顿：《文明的冲突与世界秩序的重建》，周琪等译，新华出版社，1999年版，第60－63页。

文明的一种模式，由中世纪向近代转化的现代化现象，则具有普世性，为不同文化共同体或民族国家所共同经历，而无论早到与迟到、先发或后发、内源主导还是外源主导。

现代化分为两种模式：一类是内源的现代化，由社会自身力量产生的内部创新，经历漫长过程的社会变革的道路，外来的影响居于次要地位；另一类是外源的现代化，在国际环境影响下，社会受外部冲击而引起内部的思想和政治变革进而推动经济变革的道路，其内部创新居于次要地位。① 当然，这种划分是就现代化的主因而言，西方的现代化虽是内源性的，但其从文艺复兴始的现代化进程，曾受到阿拉伯文化和中国文化等异质文化的积极影响则是不争的事实；中国作为后发的外源性的现代化，但其内在文化的源头活水和社会发展的内因也是不容否定的。难以想象，异质文明之间可以简单对接，完全照搬，克隆复制，而不是在原文化母体上的创造性转化或综合创新式的移花接木。

对于明清之际的社会大变局，我们如果将其置于全球现代化进程的大背景下进行审视，理解为由传统社会向近代社会转化的最初萌动，视域更为开阔、更契合人类历史发展的总规律，同时也为早期启蒙说奠定了更坚实、更牢靠的社会历史场景。

1995 年出版的萧萐父、许苏民合著《明清启蒙学术流变》，亦以资本主义关系的萌芽为切入点，同时又将其理解为传统向近现代转化，以此为明代中叶以来早期启蒙思潮产生的时代背景，并凸显了侯先生“早期启蒙说”之现代化的理论维度。②

---

① 罗荣渠：《现代化新论》，北京大学出版社，1993 年版，第 123 页。

② 萧萐父、许苏民：《明清启蒙学术流变》，辽宁教育出版社，1995 年版，第 26－38 页。

他们指出，侯外庐先生“以社会史与思想史的统合研究，提出并论证了中国特有的‘早期启蒙说’以及中国近代现代化‘难产说’，卓然成为一代学术宗师”①，“侯外老是从中国资本主义萌芽的产生、发展、挫折、复苏的过程入手，来探讨中国近代社会缓慢前进的艰难历程和思想启蒙的曲折道路的”②，“早期启蒙思潮的兴起是以古代文化的长期积累为背景的传统文化向现代转化的历史性起点，是中国传统文化在特定历史条件下的自我批判、自我发展和更新……应把早期启蒙思潮看作是现代文明建设的源头活水”③，“‘早期启蒙说’与中国现代化之关系是如此密切，它为我们解决传统与现代化之关系提供了契入点和路径，为我们直接参与民族文化传承的‘接力赛’设立了最近、最佳的接力点”④。

2003 年，萧萐父、许苏民二先生联名发表了纪念侯外庐先生百年诞辰的文章，名为《‘早期启蒙说’与中国现代化》，对早期启蒙思想与现代化的关系给予了特别强调。⑤ 这对我们拓展早期启蒙思潮的理论视域不无启迪意义。

一般讲来，现代化的目标或现代性的特征大体包括：民主

---

① 萧萐父、许苏民：《明清启蒙学术流变》，辽宁教育出版社，1995 年版，第 706 页。

② 萧萐父、许苏民：《明清启蒙学术流变》，辽宁教育出版社，1995 年版，第 708 页。

③ 萧萐父、许苏民：《明清启蒙学术流变》，辽宁教育出版社，1995 年版，第 716 页。

④ 萧萐父、许苏民：《明清启蒙学术流变》，辽宁教育出版社，1995 年版，第 718 页。

⑤ 萧萐父、许苏民：《“早期启蒙说”与中国现代化》，《江海学刊》，2003 年第 1 期；张岂之：《侯外庐著作与思想研究（第三十卷）》，长春出版社，2016 年版，第 703 – 718 页。

化，法制化，工业化，都市化，均富化，福利化，社会阶层流动化，宗教世俗化，教育普及化，知识科学化，信息传播化，人口控制化，等等。[①] 这些指标在不同的现代化模式或阶段中，因发展路径的差异，其主次轻重先后是不尽相同的。私有制 + 市场经济 + 民主政治的西方资本主义只是一种现代化类型，而非西方国家的外源性现代化在其启动阶段非经济因素要大于经济因素，其中最突出的是国家即中央政权在推动经济增长与社会变革中的重大作用。人类社会数百年的发展历程已经呈现出现代化道路的多样性、复杂性，这犹如从原始社会向文明社会转变时所表现出来的不同路径一样。近代中国受西方影响而加快了现代化进程（西化）与明确了发展模式的指向性（资本主义），但历尽坎坷，未成正果。在明清早期启蒙思想和现代化初启阶段，本土的社会文化元素多一些，而到了近代启蒙思想与资产阶级改良和革命阶段，伴随着国门对外开放幅度的扩大和国人对西方现代文明认知程度的加深，外来因素自然多一些。但无论怎样，西学的传入确实是中国早期启蒙思想发轫的一个诱因。侯外庐先生指出：传教士所传来的“西学”并不是当时欧洲的新学，而是当时的旧学，但带来一种世界全球的观念，启蒙思想已打破了封建主义的民族狭隘性；[②] 同时，“从传教士的丑恶的夹带里，同时也输入了天文、历算以至名理的西方文明。到了明末，所谓泰西文明便普遍地成了士大夫中间时髦的

---

① 罗荣渠：《现代化新论》，北京大学出版社，1993 年版，第 14 页。

② 侯外庐：《十六、七世纪中国进步哲学思潮概述》，《侯外庐史学论文选集》下，人民出版社，1988 年版，第 24 - 26 页。

学问”[1]，“这一系列的思维运动，都是在中国和西洋文明交接之后才产生的。因此，十七世纪的学者们已经逃出中古的思维樊篱，而作‘经世致用’的横议，在某些论点上表现为一种打破民族片面性和偏狭性的新思潮”[2]。

与现代化进程紧密相关的是全球化现象。关于全球化（globalization）概念，目前尚无一个大家普遍认同的定义，但用罗伯森的经典表述来说，它既指世界的“压缩”，又指世界整体意识的增强。[3] 对于现代化和全球化现象，认可趋同论的学者认为，所有社会都正在以不同的速度走向同一个点；而趋异论者认为，不同的通向“现代性”的道路以及现代性有不同的形式。[4] 其实，全球化是个辩证的过程，并未带来方向一致的变化，同质化与异质化等二元对立共同构成了全球化的本质内容。而我们毋宁认为，全球化的“趋同”是主导性的方向，“异”则是同中之异。世界同质化就“同”在现代化、现代性，异质化就“异”在民族化或民族性。现代化的道路与模式并非西方之一种，现代化只有通过民族形式才能实现，民族文化唯有经

---

① 侯外庐：《论明清之际的社会阶级关系与启蒙思潮的特点》，《侯外庐史学论文选集（下）》，人民出版社，1988 年版，第 83 页；张岂之：《侯外庐著作与思想研究（第二十三卷）》，长春出版社，2016 年版，第 331 页。

② 侯外庐：《论明清之际的社会阶级关系与启蒙思潮的特点》，《侯外庐史学论文选集（下）》，人民出版社，1988 年版，第 84 页；张岂之：《侯外庐著作与思想研究（第二十三卷）》，长春出版社，2016 年版，第 332 页。

③ 罗兰·罗伯森：《全球化——社会理论和全球文化》，梁光严译，上海人民出版社，2000 年版，第 11 页。

④ 罗兰·罗伯森：《全球化——社会理论和全球文化》，梁光严译，上海人民出版社，2000 年版，第 16 页。

过现代化洗礼才能发展，现代化与民族化二者的关系应是共相与殊相、一般与特殊的关系。有鉴于此，作为“中国特色”中的文化因素必将而且正在参与到我国的现代化进程中来，也因此参与了全球化进程。而明清之际的早期启蒙思潮，无疑是我们现代化工程中重要的民族元素和直接近源。

从人类社会的现代化和全球化的维度来把握早期启蒙思想，不仅视域更开阔、背景更坚实，而且更益于呈现明清启蒙思想的现代意义与积极价值。当代中国的举国体制可以理解为现代化的一种模式或一个阶段。其直接的积极传统当源于此，而非“三纲五常”“三从四德”之类的宗法专制制度的意识形态，启蒙先哲孜孜以求的“个人自觉的人本主义”的价值观，仍应是今人锲而不舍的精神方向。

三、激进主义与“文革”

五四新文化运动作为一次广泛深刻的思想解放运动，是中国近代启蒙思潮的高峰，“民主”和“科学”系五四运动的两面旗帜。侯外庐主编《中国近代哲学史》讲：

> “科学”与“民主”是初期新文化运动的重要内容。“科学”是意味着追求一个像西方十六世纪以来的自然科学的革命，以反对封建的旧思想，破除对于传统观念的迷信；“民主”是意味着要求进行像西方十七世纪以来的资产阶级革命，反对封建专制制度，

建立名副其实的资产阶级共和国。[①]

但几十年来，有学者将之归结为“激进主义”而整体否定。五四的是与非、对与错，关系到启蒙思想的根本评价问题，兹事体大，值得讨论。

1979 年，旅美华裔学者林毓生著《中国意识的危机——五四时代激烈的反传统主义》，[②] 1988 年三联书店又出版了他的论文集《中国传统的创造性转化》。其中认为，“传统政治与文化架构的解体，为五四反传统主义者提供了一个全盘否定传统论之结构的可能（structural possibility）”[③]。“五四思想之实质内容，实在地说，是与他们未能从传统一元论的思想模式（monistic mode of thinking）中解放出来有很大关系，而这种思想模式是导引形式主义式的全盘否定传统论的重要因素。”[④] 五四犯了“整体性反传统主义”和“文化化约主义”的错误，这种错误本质上是“借思想、文化以解决问题”的“有机式一元论思想模式”[⑤]，乃是受儒家强调“心的理知与道德功能”及思想力量与优先性的思想模式的影响所致。五四运动的激进传统影响

---

① 侯外庐：《中国近代哲学史》，人民出版社，1978 年版，第 476 页。

② 林毓生：《中国意识的危机——五四时代激烈的反传统主义》（增订再版），贵州人民出版社，1988 年版。

③ 林毓生：《中国传统的创造性转化》，三联书店，1988 年版，第 155 页。

④ 林毓生：《中国传统的创造性转化》，三联书店，1988 年版，第 149 页。

⑤ 林毓生：《中国传统的创造性转化》，三联书店，1988 年版，第 168 页。

了后世，“毛泽东思想中不变的主题”，即“要求‘文化革命’与排斥传统”[1] 便导源于此。他指出，“在二十世纪中国史中，一个显著而奇特的事是：彻底否定传统文化的思想与态度之出现于持续”[2]，而“一个自由的社会必须建基于传统”[3]，“我们今天如要创造地继承五四传统，必须开始进行对传统创造的传化（creative transformation）这份艰巨的实质工作”[4]。

1988 年 9 月，余英时在香港中文大学做了题为《中国近代思想史上的激进与保守》的演讲。1989 年他的著作《中国思想传统的现代诠释》由江苏人民出版社出版，内收《五四运动与中国传统》一文。1992 年 4 月，他又在《二十一世纪》发表《再论中国现代思想中的激进与保守》一文。余氏对激进主义的分析与批判未止于五四，而是上溯至戊戌，认为戊戌变法是中国近代史上激进与保守对垒的开始，中经辛亥革命，到五四新文化运动将保守跟激进的对峙从政治推进到文化的层面，占压倒性优势的激进派要以西方现代化代替中国旧文化，民主和科学是其思想主调。近代中国的知识分子选择了往而不返的“激进”取向，“保守”与“激进”之间的动态平衡不复存在，思想史上一波强似一波的激烈。余英时宣称：“一部中国近代思想史就是一个激进化的过程。最后一定要激化到最高峰……

---

① 林毓生：《中国传统的创造性转化》，三联书店，1988 年版，第 151 页。

② 林毓生：《中国传统的创造性转化》，三联书店，1988 年版，第 150 页。

③ 林毓生：《中国传统的创造性转化》，三联书店，1988 年版，第 192 页。

④ 林毓生：《中国传统的创造性转化》，三联书店，1988 年版，第 150 页。

‘文化大革命’就是这个变化的一个结果。”① 他认为，在近代中国，政治现实太混乱，得不到大家的认同，在这种情况下，只有激进主义，只有变的程度不同。20 世纪中国思想史上几乎找不到一个严格意义的“保守主义者”，从所谓中体西用论、中国本位文化论、到全盘西化论、马列主义，基本取向都是“变”，所不同的仅在“变”多少、怎么“变”以及“变”的速度而已。因此接近全变、速变、暴变一端的是所谓“激进派”，而接近渐变、缓变一端的则成了“保守派”。无论是戊戌的维新主义者，五四的自由主义者，或稍后的社会主义者，都把中国的文化传统当作“现代化”的最大敌人，而且在思想上是一波比一波更激烈，呈现为思想激进化的历程。与近代西方或日本相比较，中国思想的激进化显然是走得太远了，文化上的保守力量几乎丝毫没有发生制衡的作用。“中国百余年来走了一段思想激进化的历程，中国为了这一历程已付出极大的代价。”②

对于海外华裔学者有关五四全盘否定传统的激进主义的说法，我国学者中自然不乏认同者、附和者，有的原来一贯褒扬五四精神的学者也幡然改帜，开始批评起包括五四在内的近代所谓激进主义。与之相反，也有的学者不认同这种“激进说”，并从学理和史实层面提出质疑。

1989 年，袁伟时在中国文化书院主办的“五四 70 周年国

① 余英时：《中国近代思想史上的激进与保守》，见李世涛：《知识分子立场——激进与保守之间的动荡》，时代文艺出版社，2000 年版，第 12 页。

② 余英时：《中国近代思想史上的激进与保守》，见李世涛：《知识分子立场——激进与保守之间的动荡》，时代文艺出版社，2000 年版，第 29 页。

际学术研讨会”上提交《五四怨曲试析》① 一文与林毓生商榷，重新肯定五四科学与民主的立场。尔后，他在《新文化运动与“激进主义”》一文中，针对指摘新文化运动应对20世纪激进主义泛滥负责的说法，他指出，不能局限于在思想文化领域去寻觅激进思想泛滥的原因，更不能把战乱归罪于知识阶层和新文化运动。应该追问的是：为什么化解激进的机制在中国被摧毁？从制度着眼才能找到激进思潮在中国泛滥的根本原因。他亦指出，“不应该笼统地指摘‘借思想文化以解决问题’。因为思想文化的变革仍是有待解决的重大问题，也没有出现光要思想文化而不顾其他领域的变革的历史现象。”②

1992年，复旦大学姜义华教授在香港《二十一世纪》上发表《激进与保守：与余英时先生商榷》一文。1997年，在《开放时代》第2期又刊有陈炎对姜义华的访谈《激进与保守：一段尚未完结的对话》。他对余英时的“激进主宰论”提出了相反的判断，指出，20世纪以来，在中国占主导地位的既不是“激进主义”，也不是五四精神，而恰恰是“保守主义”。中国的“保守主义”不是太弱，而是太强了，这正是百年变革不断受阻的真正原因之所在。从整体上看，保守主义是近代中国社会的主导价值取向。说百年来中国历史实践的失误在于“激进主义”太强、“保守主义”太弱，说五四运动与“文化大革命”是一脉相承的事件是不符合历史事实的。他不赞成用“激进主义”与“保守主义”这两个概念来涵盖太多的东西，更无意全

① 袁伟时：《五四怨曲试析》，见《中国现代思想散论》，广东教育出版社，1998年版。

② 袁伟时：《新文化运动与“激进主义”》，见李世涛：《知识分子立场——激进与保守之间的动荡》，时代文艺出版社，2000年版，第268页。

盘肯定“激进主义”。只是不同意尽量美化所谓“保守主义”而尽量丑化所谓“激进主义”。

上述对“激进说”的质疑声，可谓有理有据，入情入理。确实，五四作为一场新文化的进步思潮，它对传统既有批判否定又有选择吸纳。不错，五四新文化运动推崇“德”（民主）、“赛”（科学）二先生，抨击“孔老先生”（胡适语）、“孔二先生”（吴虞语）创立的孔教。胡适在《〈吴虞文录〉序》中盛赞吴虞为“四川省只手打孔家店”的老英雄，昭示了五四时期批判封建传统的思想倾向。然而，这只是问题的一面。另一面则是在五四文化精英看来，孔子自是孔子，“孔家店”自是“孔家店”，儒家的原生形态与流变形态虽不无连带关系，但绝非一物。他们高喊“打（倒）孔家店”，旨在冲击孔子思想中被后世统治者所强化的礼教，反对用两千年前的价值观念束缚今人的现实生活。如若孔子本人成了五四时期人人喊打的人物，胡适的老师杜威就不会在当时被人比作孔子，并尊称为“孔子二世”（Second Confucius），“美国的孔子”（Yankee Confucius），蔡元培在旅华中的杜威六十岁生日晚宴上，也不应以《孔子与杜威》为题发表贺词。实际上，新文化运动的思想家们，他们并不一般地否定孔子古圣先贤的历史地位，而且还着力发掘孔子思想中的积极因素，以与西方先进文明相衔接。如指出礼教吃人的吴虞亦承认孔子“自是当时之伟人”，提倡“全盘西化”或“充分世界化”的胡适则尝试从原始儒家中发掘出人文主义、合理主义和自由精神等思想元素。陈独秀在《青年杂志》的发刊词《敬告青年》一文，曾勉励青年要以孔子、墨子为榜样，有积极进取的人生观。李大钊在《自然的伦理和孔子》一文亦说：“孔子于其生存时代之社会，确足为其社会之中枢，确足为其时代之圣哲，其说亦确足以代表其社会其时代之道德。”①

1919年胡适在《新青年》第7卷第1号上发表《新思潮的意义》，提出“研究问题”“输入学理”“整理国故”和“再造文明”的文化建设纲领。胡适之所以热心于整理国故，一是为了剔除“国渣”，二是为了寻找“国粹”。所谓“国粹”，即是那些与西学相近的因子，阐发与光大它，以便使我们吸取西学时能够做到“心安理得”，并取得历史连续性的观念。胡适的此番苦心，却遭到偏于激进的陈独秀的讥讽，陈说这“是在粪秽里寻找香水”②。毋庸讳言，陈独秀这类对待传统思想与本土文化的激烈言辞和极端说法，在新文化运动中时有所见——当时曾被指责为“过激”，李大钊则反击说：“其实世间只有过惰，那有过激！不说是自己过惰却说人家过激，这是人类的劣根性”③。——但无论如何不能以偏概全，以“激进主义”标示五四思想主流的整体精神。如果说五四运动有什么不足需要反思的话，其中之一倒是它对专制主义的批判不够深入、全面和精准，例如，“五四时代不但不反法，反而对法家加以讴歌”④。同时，由于社会政治的急

---

① 李大钊：《自然的伦理和孔子》，见《李大钊全集（第一卷）》，人民出版社，2006年版，第246页。

② 陈独秀：《寸铁·国学》，见任建树：《陈独秀著作选编（第三卷）》，上海人民出版社，2014年版，第200页。

③ 李大钊：《过激乎？过惰乎？》，见《李大钊全集（第二卷）》，人民出版社，2006年版，第278页。

④ 王元化、李辉：《对于“五四”的再认识答客问》，见李世涛：《知识分子立场——激进与保守之间的动荡》，时代文艺出版社，2000年版，第276页。王先生在此“答客问”中亦表达了对“五四”意识形态化的启蒙心态和激进情绪的反思。

转直下，新文化运动难以为继、流风未广，没能使国人真正实现心灵上的现代化洗礼。

至于将五四运动和“文化大革命”化约为“激进主义”从而在二者间建立起某种相似性和因果关联，那更不足取。因为“文革”的本质是中国传统专制主义和蒙昧主义的现代总爆发，“破四旧、立四新”“横扫一切牛鬼蛇神”等响亮激越的革命口号难掩其历史大倒退的实质。至于“大鸣、大放、大字报、大辩论”的所谓“大民主”，其实是发动群众、利用群众以达于权力斗争之目的的手段，这同现代社会的民主与法治风马牛不相及。拿五四与“文革”相比，后者既无“民主”更非“科学”，而且也不是什么文化运动，用侯外庐先生的话讲，“‘文化大革命’其实是革文化的命”①。实质上，它摒弃了启蒙思潮的进步传统，而将宗法专制主义意识形态乔装打扮，粉墨登场，借尸还魂。将五四启蒙思潮与“文化大革命”挂钩，实是仿照西方所谓启蒙运动导致法国大革命的成说②，姑且不论启蒙与革命是否有着逻辑必然性，虽同谓“革命”，但此“革命”（“文化大革命”）非彼“革命”（法国大革命）。这正如海外新儒家从传统儒学中找寻现代化的文化动因，是对马克斯·韦伯认定的新教伦理对西方资本主义发展有重要推动作用③的“反模仿”一样，徒有形式上的相似，而本质上则正相反对。

---

① 侯先生的弟子何兆武先生口头告知笔者。

② 帕尔默·乔·科尔顿、劳埃德·克莱默认为：“用伟大启蒙学家‘引起’法国革命的观点来解释发生的事情是不恰当的。”见《启蒙到大革命：理性与激情》，陈敦全等译，世界图书出版公司，2010 年版，第 161 页。

③ 马科斯·韦伯：《新教伦理与资本主义精神》，于晓、陈维纲等译，三联书店，1987 年版。

“激进”一词指称急剧改变现存事物的言论或行动，[①] 而激进主义主要指寻求系统、急速或彻底变革的立场；而保守主义则与之相反，一般指大体肯定与保存现状的态度倾向，代表一种社会的惯性力量。我们认为，评判某种文化潮流，应着眼于它是否具有进步性、人民性和合理性，而不应只从表象上看其是激进还是保守。对现状或传统的肯定与否定以及肯定或否定的程度，也不应作为价值评判的绝对标准，关键要看面对的是何种传统与现实。同时，思想领域的激进主义与激进主义的政治运动在精神气质上确有某种相似性与关联性，但二者既迥然有别又无本质上的必然联系，不可等量齐观。[②]

四、消解启蒙与发展启蒙

关于启蒙，康德《什么是启蒙》一文把理性以及主体性、自由作为启蒙的基本要件，说：“这一启蒙运动除了自由而外并不需要任何别的东西，而且还确乎是一切可以称之为自由的东西之中最无害的东西，那就是在一切事情上都有公开运用自己理性的自由……必须永远要有公开运用自己理性的自由，并

① 袁伟时：《新文化运动与“激进主义”》，见李世涛：《知识分子立场——激进与保守之间的动荡》，时代文艺出版社，2000年版，第252页。

② 克雷格·卡尔霍恩认为：“意识形态在哲学上的激进程度，与社会运动对社会秩序构成的实质性挑战上的激进程度，二者没有必然的相关性。”见《激进主义探源——传统、公共领域与19世纪初的社会运动》，甘会斌等译，北京大学出版社，2016年版，第9页。

且惟有它才能带来人类的启蒙。”①

启蒙，在人类近现代社会曾长期居于主导地位，一度成为宰制性的意识形态。不过，自法国大革命以来，对启蒙的质疑与指责也未曾停息过。两次世界大战之后，西方学者对启蒙的反思已经转向对以理性为核心的“现代性”的批判，指责它成了道德危机、精神空虚、生存压力、战争灾难及环境恶化等负面问题的总根源。尤其是20世纪90年代起，启蒙渐成了争议和批判的对象，反思启蒙、解构启蒙、对启蒙的消解与颠覆，似乎成了知识界的一种新时尚。

理性是启蒙的旗帜。马克斯·韦伯将理性诠释为合理性，将它分为两种，即价值（合）理性和工具（合）理性。他指出，价值理性相信的是一定行为的无条件的价值，强调的是动机的纯正和选择正确的手段去实现自己意欲达到的目的，而不管其结果如何；而工具理性是指行动只由追求功利的动机所驱使，行动借助理性达到自己需要的预期目的，行动者纯粹从效果的角度去考虑，而无视人的情感因素和精神价值。他认为，随着资本主义的发展，宗教的动力开始丧失，物质和金钱成为人们追求的直接目的，于是工具理性走向了极端化，手段成了目的，成了套在人们身上的铁的牢笼。②

霍克海默和阿多尔诺在其合著《启蒙辩证法》③ 中认为，

---

① 康德：《答复这个问题：“什么是启蒙运动?”》，见《历史理性批判文集》，何兆武译，商务印书馆，2007年版，第25页。

② 马克斯·韦伯：《新教伦理与资本主义精神》，于晓、陈维纲等译，三联书店，1987年版。

③ 马科斯·霍克海默、希欧多尔·阿道尔诺：《启蒙辩证法》，渠敬东、曹卫东译，上海人民出版社，2006年版。哈贝马斯：《现代性的哲学话语》，曹卫东译，译林出版社，2011年版，第122－151页。

启蒙过程使理性发生扭曲，它只要求理性以目的理性控制自如和控制冲动的形式表现出来，亦即只要求理性是工具理性。由于工具理性的发展，一方面揭开了神秘的自然的面纱，使人对自然的恐怖感消除；另一方面，这些工具理性又成为组织人的手段，人在摆脱了自然的主宰后又陷入工具理性的主宰。工具理性和科技愈是发展，它对人的统治也愈是细致严密。他们指出，在启蒙的传统中，启蒙思想总是被理解为神话的对立面和反对力量，然而二者有着某种密谋关系，“神话就已是启蒙，而启蒙又变成了神话”。启蒙只是摆脱命运力量的失败的努力，有鉴于启蒙的自我毁灭，我们不能再对启蒙的拯救力量抱以希望。

福柯除了晚期针对康德有关启蒙文章的两篇专题文章《什么是启蒙运动?》[①] 和《何为启蒙》[②] 表达出对启蒙价值的有限维护外，他的全部著作几乎都是围绕启蒙问题展开批判的。对启蒙及相关的主体性进行批判性反思，提出“拒绝对启蒙的敲诈”，即跳出要么赞同启蒙要么反对启蒙的二元对立的思维模式来重新审视启蒙。他着力探讨启蒙是怎样把人的主体拆散分解，然后再重新组装，建构新的主体，认为所谓前定的、统一的主体或先于一切社会活动的永恒的人性，实是知识—权力结构运作的产物。现代知识—权力通过主体对现代人进行奴役，

---

① 福柯:《什么是启蒙运动?》，于奇智译，《世界哲学》，2005年第1期，第28－32、41页。

② 福柯:《何为启蒙》，顾嘉琛译，杜小真编选:《福柯集》，上海远东出版社，2002年版，第528－543页。Michel Foucault: “What is Enlightenment?”, *Ethics-Essential Works of Foucault* 1954—1984 , volume 1, edited by Paul Rabinow, Translated by Robert Hurley and others, Penguin Books, 2000, P303－319.

并且这种奴役以真理、科学和理性的面貌出现，从而掩盖了主体被奴役的真相。[①]

曼弗雷德·弗兰极端地认为："自启蒙运动始，人的主体性便被精神科学赋予至高无上的地位。启蒙运动最突出的成就之一就是主体的发现和弘扬。然而，二百年来的社会状况和人的实践日益证明，所谓的主体只是形而上学思维的一种虚构而已。事实上真正的主体性并不存在，主体始终处在被统治、被禁锢的状态。"[②]

与这种质疑启蒙的西方思潮相呼应，海内外的华人学者有的也提出了对启蒙的批评。杜维明先生曾在一则思想对话中历数了启蒙的自身缺陷和消极后果，诸如理性化、世俗化、科学化、技术化、个人主义、人类中心主义、生态危机、社群瓦解等。[③] 可以说，在海外反思启蒙、消解启蒙的热潮中，启蒙在当下中国也大有被"新儒家""新左派""后现代"和文化保守主义等文化思潮"围攻"之势。

有别于对启蒙和现代性的激进批判，哈贝马斯虽也看到启蒙出现的诸多问题，但他没有因批判启蒙理性而走向对启蒙的全盘否定。他指出，启蒙理性的民主、文化分化和批判理性无疑是进步的，而工具理性向生活领域的无限扩张则是破坏性的。他既反对把启蒙理性说成基本上是一种统治工具、把现代性视同为规训性的权力，也不赞同把现代性视为工具理性的兴起。

① 哈贝马斯：《现代性的哲学话语》，曹卫东译，译林出版社，2011 年版，第 280－313 页。

② 让－弗·利奥塔等：《后现代主义》，赵一凡等译，社科文献出版社，1999 年版，第 38－39 页。

③ 《启蒙的反思——杜维明、黄万盛对话录》，见哈佛燕京学社：《启蒙的反思》，江苏教育出版社，2005 年版，第 1－116 页。

他认为，启蒙运动没有达到它的预定目标的这一事实，并不能构成反对启蒙运动的充足理由，但的确为重新考虑运动采取的路线提供了好的理由。关于启蒙的命运和现代性的前景，哈贝马斯将二者联系在一起，并乐观地坚信，“现代性是一项未完成的设计”[①]。同时，他对修正和完善启蒙，提出了自己的建设性方案，即以“交往行为”为基础的主体间性哲学。其把理性转变成“交往理性”，使理性不再是自我封闭的个体的主体用以主宰他者的技艺，而是以主体间的相互交往和社会一致性以及理性话语的预期为基础。总之，“交往理性”“使人们可以借此来诊断‘生活世界’的病症（例如金钱和权力体系对生活世界的殖民统治），并提供治疗措施（例如通过增进交往、社会参与以及对价值和规范的讨论来重建社会）。哈贝马斯相信，交往行动概念允许保留理性、共识、解放、团结等现代价值，因此可以同时为社会批判和社会重建提供基础”[②]。

哈贝马斯的解决方案，最终能否见效，殊难预料。但他对启蒙的坚定的信仰及对否定启蒙声音的批评，是值得肯定的。当今世界，尽管启蒙有所偏差，理性出现异化，主体被知识—权力所塑造，现代性产生种种问题，但启蒙的历史功绩是不能否认的。这不仅因为人类数百年来在精神文明和物质文明的长足进步都得益于启蒙理性；同时，反启蒙或非启蒙本身就体现了启蒙所具有的批判反思精神，并可被视为启蒙事业的某种延

① 哈贝马斯：《现代性的哲学话语》，曹卫东译，译林出版社，2011 年版，第 1 页。

② 道格拉斯·凯尔纳：《后现代理论——批判性的质疑》，张志斌译，中央编译出版社，2012 年版，第 266 页。参阅哈贝马斯：《现代性的哲学话语》，曹卫东译，译林出版社，2011 年版；莱斯利·A. 豪：《哈贝马斯》，陈志刚译，中华书局，2002 年版。

续与调整；而且，就我们目前的社会境况而言，问题不是出在现代化走过了头，而是发展不平衡即没有全面现代化所致。因此，现代化仍是我们压倒一切的首选目标，启蒙尚任重道远、正未有穷期。

孔多塞在《人类精神进步史表纲要》一书指出，“启蒙乃是人类历史前进的唯一动力”①。启蒙精神，其正面价值和积极意义不衰，将伴随人类文明始终。

① 康德：《历史理性批判文集·何兆武“再版译序”》，商务印书馆，2007年版，第5页。

试论侯外庐先生经学研究的特色及意义

陈战峰
（西北大学中国思想文化研究所）

著名马克思主义历史学家、中国思想史家侯外庐先生在中国思想史研究方面所取得的卓著贡献，涉及方面很多，其中也包括经学研究。侯外庐先生的经学研究与特色，目前相关研究比较薄弱①，笔者不揣浅陋，略论一二，以求教于方家。

一、在经学研究上注重社会史与思想史的贯通

侯外庐先生对经、子素有浓厚的研究兴趣，他晚年在回忆录《韧的追求》中曾坦言："我和我的同时代人一样，早年所受到的正规教育中，经、子、史、集构成为主要内容。其中，我的兴趣所在，偏于经、子两类，对诸子百家学说素有兴趣。"② 侯外庐先生的经学研究与其一贯的学术思想史研究是相统一的，注重社会史与思想史的融会和沟通。按照《韧的追

① 陈居渊：《20 世纪中国经学研究的回顾和展望》，见徐洪兴：《鉴往瞻来——儒学文化研究的回顾与展望》，复旦大学出版社，2006 年版，第 61－78 页。

② 侯外庐：《韧的追求》，生活·读书·新知三联书店，1985 年版，第 118 页。

求》记载，侯先生在完成了《中国古代社会史论》和《中国古代思想学说史》之后，“准备马上着手研究中国封建社会史和中古各朝思想史，定下的计划是：尽先努力完成秦汉社会的研究，而后搞秦汉思想；先着手魏晋南北朝社会经济构成，而后研究中古玄学史；先研究了中国封建社会的发展，及其由前期向后期转变的特征，而后再探讨宋明理学思想”①，后因革命工作的需要，改为先着手研究近代历史与近代思想，形成《中国近世思想学说史》。《中国古代思想学说史》《中国近世思想学说史》，侯外庐先生有很自信的评价，他认为“如果说《中国古代思想学说史》是试图用马克思主义的观点、方法清理古代重大变革时期——春秋战国思想发展的路径，那么，《中国近世思想学说史》，则是试图用马克思主义的观点方法，草创研究另一个重大变革时期——明清之际思想发展途径的一种研究方式。在四十年代初，我这种研究思想史的方式本身，就已经决定这两部书是拓荒性质的作品。通过对中国历史上两个重要变革时期思想发展路径的清理和力图有所发现，通过对一系列疑难问题的涉足和做出自己的回答，我研究中国思想通史的基业终于得以奠定。”②

侯外庐先生将社会史与思想史结合起来进行研究，在探讨学术史变迁（包括经学问题）方面也同样体现了这个特征。这种研究路径在经学研究中也是有一定新意的。例如，《中国思想通史》第二卷“董仲舒”部分，虽然初稿基本出自赵纪彬先

① 侯外庐：《韧的追求》，生活·读书·新知三联书店，1985 年版，第 118 页。

② 侯外庐：《韧的追求》，生活·读书·新知三联书店，1985 年版，第 119 页。

生，但在动笔之前，赵先生与侯先生做过深入的讨论和沟通，所以能够反映侯外庐先生关于董仲舒的学术评价。《韧的追求》谈到《中国思想通史》对董仲舒的评价“极严厉”，和侯外庐先生受到章太炎先生学说的影响（章氏称董仲舒为“神人大巫”）不无关系①。侯外庐先生认为，“董仲舒思想反映了大一统的需要，但它是一种神学思想，它既经出现之后，又被最高统治者在政治上奉为原理。董仲舒的《公羊春秋》学，把儒家以道德情操为基础的正名主义加以庸俗化，把阴阳家的五行说加以唯理化，把秦汉王朝更替归结为奉天承运的天道之必然，把专制制度神化为官制象天的、永恒不变的神圣法则。董仲舒思想，就是如此一整套为适应封建专制主义需要而创立的颇具中世纪神学色彩的儒学”②，“董仲舒神学一经雄才大略的汉武帝钦定，进而又被确立‘为群儒首’，‘为儒者宗’，也就是说，被钦定为具有浓厚神学色彩的封建正宗思想。董仲舒神学对两千年中国文化传统的危害，远不是他形式上师承的儒学创始人孔子的思想本身所能比拟的”③。侯外庐先生甚至由对董仲舒《春秋繁露》“繁露”一词的语义考察，窥探出董仲舒的《公羊春秋》学与统治者意志之间的内在关联。

在研究经学人物和作品时，不将人物和时代割裂开来，不对作品进行孤立的抽象的分析，这是侯外庐历史学研究方法和特点在经学研究具体实践中的体现。如关于《白虎通义》法典

---

① 侯外庐：《韧的追求》，生活·读书·新知三联书店，1985 年版，第 283 页。

② 侯外庐：《韧的追求》，生活·读书·新知三联书店，1985 年版，第 283－284 页。

③ 侯外庐：《韧的追求》，生活·读书·新知三联书店，1985 年版，第 284 页。

化性质的揭示，“不论封禅之于皇帝，自己神定所有权，或者封建之于列侯，赐赏臣下占有权，都是国有土地的形式，也是中国封建主义编制的一个特征。《白虎通义》以神权的固定形式，把这种原则用经义来法律化起来，代表了一部汉代的最高法典”①，这已成为学术界广泛接受的观点。

侯外庐先生对自己的历史研究方法和要领有自觉的意识，这和一般照抄照搬马克思主义基本原理的做法有根本的区别。他认为：“马克思主义的治史要求，在乎详细地占有史料从客观的史实出发，应用历史唯物主义的基本原理和方法，认真地分析研究史料，解决疑难问题，从而得出正确的结论，还历史以本来面目。这种结论，既不是甲乙丙丁的现象罗列，也不是泛泛言之浮词賸语，而是科学的坚实的结论。对思想史的要求，则在乎对于前人的思想学说，区别精华和糟粕，按其实际作出历史的评价。研究历史，贵在能解决疑难，抉露本质，这不同于摄影师的照像术，摄影惟肖是求，研究历史则要求透过现象，找寻本质，淘汰杂伪，探得骊珠，使历史真实呈露出来，使历史规律性跃然在眼。这与调和汗漫的研究态度相反，既不能依违于彼此之间，亦不能局促于一曲之内。”②

正因为如此，侯外庐先生的经学研究视野很开阔，他主张在占有材料的基础上，抓住思想学说的本质，努力呈现历史的真实。简要概括就是“实事求是，从材料实际出发，进行分析

---

① 侯外庐：《论中国封建制的形式及其法典化》，中国社会科学院历史研究所中国思想史研究室《侯外庐史学论文选集（上）》，人民出版社，1987 年版，第 214 页。

② 侯外庐：《韧的追求》，生活·读书·新知三联书店，1985 年版，第 292 页。

研究”[①]，将思想史与社会史结合，说明经济基础与上层建筑、意识形态之间的辩证关系，“把思想家及其思想放在一定的历史范围内进行分析研究，把思想家及其思想看成生根于社会土壤之中的有血有肉的东西，人是社会的人，思想是社会的思想，而不作孤立的抽象的考察”[②]。

二、运用《诗》《书》资料创造性地研究和发掘了古代（奴隶制）社会的典型特征

《诗经》中洋溢着浓郁的人文精神，这是因为《诗经》作为乐歌集，不仅是周代礼乐文明的产物，而且是礼乐文明的表征，反映了当时各个人群的生活状况和精神面貌，比如对生命的重视，体现在对生的歌颂、对爱情的向往、对婚姻的赞美、对礼仪的重视、对人格的反思等方面。

侯外庐先生运用《诗》《书》资料创造性研究和发掘了古代（奴隶制）社会的典型特征，收获丰富，尤其值得人们注意的是，在结合甲骨、金文材料的基础上，这些《诗》《书》史料被侯外庐先生辩证而谨慎地使用，在某些方面有助于勾勒西周到春秋时期社会及思想观念的变动状况，比如“亚细亚生产方式”的体现、城市的发展、国民的存在、公子与富子（大夫）地位的变迁、天命观念的递革等问题。

侯外庐先生根据《诗经》《尚书》记载考察周代国家的形

---

① 侯外庐：《韧的追求》，生活·读书·新知三联书店，1985 年版，第 328 页。

② 侯外庐：《韧的追求》，生活·读书·新知三联书店，1985 年版，第 327 页。

成过程，他说："把《诗经·周颂》和大、小雅相比，《周颂》的创作最可能是生昭、穆两王的时代，大小雅各篇却是在不同年代创作的。《周颂》近古，除了追思后稷远祖而外，各篇所说的都是文、武立基，成、康光大，传说很少。《周书》也只尊崇文、武，如说'丕显文、武'。西周金文都祖文、武，例子很多。"① 他根据《诗经·周颂·天作》"天作高山，大王荒之。彼作矣，文王康之"、《诗经·大雅·皇矣》"万邦之方"、《诗经·大雅·文王有声》"武王成［城］之"等审视了周世代作邑建国的承继关系；根据《诗经·大雅·文王有声》"既伐于崇，作邑于丰""筑城伊淢""维丰之垣"等，论定文王封树国家，即氏族贵族统治的城市，"国便是城市"，认为"从历史的发展来看，初期的筑城是封树，后期是土墉，一开始并没有'筑'和'城'、'邑'和'都'的严格分别"②，这些论断无疑是有新意的，而且整体上具有系统性，对于文字的考辨也都有字源学的佐证，将《诗经》的史料性充分彰显出来，并触及人们不甚关注的领域。

他在《诗经》中的《我将》《赉》《桓》等篇中发掘出了文王、武王受民受土的历史事实，揭示了其中隐藏的争取劳动力、占有土地的历史秘密。在国野讨论的基础上，侯外庐先生探讨了西周时期土地制度的问题，他根据《诗经》中的《齐风·甫田》《魏风·十亩之间》《小雅·甫田》等论证了"甫田"与

---

① 侯外庐：《中国古代"城市国家"的起源及其发展》，中国社会科学院历史研究所中国思想史研究室《侯外庐史学论文选集（上）》，人民出版社，1987年版，第126页。

② 侯外庐：《中国古代"城市国家"的起源及其发展》，中国社会科学院历史研究所中国思想史研究室《侯外庐史学论文选集（上）》，人民出版社，1987年版，第127页。

“南亩”的区别与联系，其中的联系恰恰显示了“亚细亚的特殊之点”[①]，主张“甫（大）田、大田是鄙野之公田（氏族专有之田），而南亩、十亩，则为小生产市民的小私有田（疑即使有所谓授田之制，亦限于这里国中），后者当然是土地制度的从属意义，支配者还是前者”[②]。在此基础上，侯外庐先生对中国奴隶社会的发展情形做出推论，认为：“‘耦国’或城市国家的多元发展，固然为‘富子’与‘宗子’之‘国’与‘家’相争，但大夫‘有国’的现象只是氏族制的分化，而不是氏族制的结果。我以为‘陪臣执国命’颇有古典显族的意义，但并不典型，而且到显族‘有国’的时候，古典社会的周制便将结束了。”[③]

“国人”的社会地位也是侯先生格外注意的，他依据《诗经》《曹风·鸤鸠》“淑人君子，正是国人”，《陈风·墓门》“夫也不良，国人知之”等加以论述，主张：“没有自由民，不会产生希腊的悲剧艺术，同样地，没有国人，也不会产生中国的古代悲剧诗歌（《诗经》）。其原因，在于相对的民主。”[④] 这

---

① 侯外庐：《中国古代“城市国家”的起源及其发展》，中国社会科学院历史研究所中国思想史研究室《侯外庐史学论文选集（上）》，人民出版社，1987 年版，第 158 页。

② 侯外庐：《中国古代“城市国家”的起源及其发展》，中国社会科学院历史研究所中国思想史研究室《侯外庐史学论文选集（上）》，人民出版社，1987 年版，第 159 页。

③ 侯外庐：《中国古代“城市国家”的起源及其发展》，中国社会科学院历史研究所中国思想史研究室《侯外庐史学论文选集（上）》，人民出版社，1987 年版，第 162 页。

④ 侯外庐：《中国古代“城市国家”的起源及其发展》，中国社会科学院历史研究所中国思想史研究室《侯外庐史学论文选集（上）》，人民出版社，1987 年版，第 163 – 164 页。

给我们把握《诗经》诗歌思想内容和精神风貌提供了重要线索。

侯外庐先生根据“变风变雅”揭示周代思想的变化。他对《大雅》中的《板》《抑》《瞻卬》《召旻》《云汉》，《小雅》中的《小宛》，《周颂》中的《维天之命》《武》等做了比较细腻的考察，揭示了人们对上帝天命观念的转变。变风变雅充斥着对天命信念的动摇，对先公先王的不信任。因此，侯外庐先生扼要地指出：“在这种悲剧的历史中，道德观念渐渐发生了变化。周初的德字和哲字，都限于先王配天的专称。宣王中兴前后，道德观念渐渐向下面转移。这种转变是指示氏族组织的破坏反映在人类观念形态上。”①

从思想史角度揭示“变风变雅”在思想学术史上承上启下的意义，即作为诸子思想的先驱，无疑是侯外庐先生经学研究的一大亮点。他认为：“中国古代思想的花朵，以诸子百家为代表。但它的先驱，不能说不是变风、变雅的诗篇。”② 侯外庐先生正是抓住“厉王失国”与“宣王‘中兴’”社会变革中的矛盾运动以及思想的悲剧性特征，即“一方面对于旧制度采取一定的保守态度，另一方面又对于民众的力量具有着一定的同情心”，“从这意义讲来，变风、变雅无疑是先驱的悲剧诗歌”，在思想内涵上，这些诗歌暴露了周初“王道”思想的矛盾，特别是其中的天人矛盾，奠定了“东迁前后开放出思想之花”的基础，这样，侯外庐先生比较清楚地说明了“春秋时代既有搢

① 侯外庐：《中国古代社会史论》，河北教育出版社，2000 年 12 月版，第 279 页。

② 侯外庐、杜国庠、赵纪彬：《中国思想通史（第一卷）》，人民出版社，1957 年 3 月版，第 109 页。

绅先生所传授的六艺思想，又有暴露阶级矛盾的悲剧思想”，揭示了社会变动时期思想观念的复杂性和具体特征。因此，侯外庐先生认为，“所谓‘《诗》亡然后《春秋》作’，应该是说‘《诗》亡然后诸子出’”[①]。“《诗》亡然后《春秋》作”侧重经典形式的角度，即由重视讽诵的《诗》到寓以褒贬笔法的《春秋》，显示了礼乐文明的松弛；“《诗》亡然后诸子出”却是侧重思想意识的继承角度，突出了“变风变雅”对诸子思想的先导价值，自然更为深刻有力。

另外，他将《诗经》部分诗歌所体现的这种悲剧思想，最终仍然归结到中国古代社会的真实矛盾上，体现了马克思主义学者的基本治学理念（又如郭沫若先生《〈周易〉时代的生活》《〈诗〉〈书〉时代的社会变革与其思想上之反映》等，详见郭沫若著《中国古代社会研究》《青铜时代》等）。即使今天，关于前诸子时代的思想与学术研究，依然是经学研究与中国思想史研究领域需要不断加强的环节，侯外庐先生对“变风变雅”与诸子思想内在联系的揭示有助于启发更多的后来者，以推进该领域的研究。

如果联系侯外庐先生对孔子等思想的分析，就更容易明白这种悲剧性的传承和学术意义，它使思想学术的内在逻辑链环更加完整，使思想观念的变革脉络更加清晰，并且时刻根植于社会变动的土壤之上。在某种意义上说，这种思想面貌和传统是与“变风变雅”相呼应的。

---

① 侯外庐、杜国庠、赵纪彬：《中国思想通史（第一卷）》，人民出版社，1957 年 3 月版，第 110 页。

三、探讨《六经》形成中的“具文化”和“道德化”的问题

在具体分析社会变动及学术思潮的基础上，侯外庐先生对某些经学现象和问题有深刻的洞察，比如关于后来所谓的《六经》形成中的“具文化”和“道德化”的问题，这应该是《六经》发展形成过程中的一个阶段，在经学研究和发展中具有很重要的价值。侯外庐先生认为，“西周的文物典章，在春秋的反动内战（族战）与外战（氏战）之下，已经不是有血有肉的思想文物，而仅仅作为形式的具文，背诵教条罢了”①。实际上，这是“礼崩乐坏”的典型写照，《六经》的形成和阐释不得不与这个阶段联系起来，才能寻觅出经典意义生发的转折点。

侯外庐先生认为，“诗、书、礼、乐已经成为邹鲁搢绅先生的专门职业，这虽保存了西周文明，但却成了好像礼拜的仪式。例如‘礼’在西周为‘惇宗将礼’的维新制度，氏族君子所赖以治‘国’的优先权。《诗》在西周为社会思想的血脉；然而到了春秋，公子与‘富子’（大夫）争夺，富子大夫取得政权，礼固失其基础，《诗》亦不容于作批判的活动（变风、变雅）。礼不是成了贵族的交际礼貌仪式，即成了冠婚丧祭的典节，《诗》则流于各种各样的形式，如贵族交际场合的门面词令，朝宾的乐章唱和，使于外国的教条酬酢（赋诗，即背诵一首

---

① 侯外庐：《孔子批判主义社会思想底研究》，中国社会科学院历史研究所中国思想史研究室《侯外庐史学论文选集（上）》，人民出版社，1987 年版，第 277 页。

《雅》《颂》）等等。这样便把西周的活文化，变成了死规矩”①。侯外庐先生以“诗”“礼”为例揭示了春秋时期西周文明的貌存实亡，西周文化的具文化和形式化是这种发展趋向的典型表现，“赋诗断章”也是这个运动的重要内容。

但是侯外庐先生并没有完全否定这种具文化在传承传统文化中的重要作用。他认为：“搢绅先生一方面因了社会的黑暗，把西周的思想作为‘儒术’而职业化，但另一方面，他们在思想传统上则相对地保持着文化遗产，这亦只有邹鲁这样周公遗教可能存在的国度里，才没有将历史传统的文化斩绝。”②

侯外庐先生抓住春秋学术思潮变动的枢纽，将“学术下私人”在文化承革中的意义简明地勾勒了出来。“儒者将西周思想文化形式化，正是春秋制度将西周‘王道’形式化的照映。同样地，诸侯而大夫的过渡阶段成为战国不完全典型的‘显族’时代之桥梁，因而，春秋的搢绅儒术亦成为战国显学之过渡桥梁。学术下私人的运动，乃适应于经济相对的国民化（显族路线），所以，由儒者蜕变而出的显学，一方面是对于春秋文化具文的批判，他方面又是开启‘子学’发展的源流。这一中国古代思想的流变，极关重要。前人很少注意。”③

① 侯外庐：《孔子批判主义社会思想底研究》，中国社会科学院历史研究所中国思想史研究室《侯外庐史学论文选集（上）》，人民出版社，1987年版，第277页。

② 侯外庐：《孔子批判主义社会思想底研究》，中国社会科学院历史研究所中国思想史研究室《侯外庐史学论文选集（上）》，人民出版社，1987年版，第277－278页。

③ 侯外庐：《孔子批判主义社会思想底研究》，中国社会科学院历史研究所中国思想史研究室《侯外庐史学论文选集（上）》，人民出版社，1987年版，第278页。

正是在这种意义上，侯外庐先生指出孔子与搢绅先生的不同，并肯定了孔子在儒学形成和文化发展中的重要贡献，经典阐释的道德化源于孔子，这也是经学研究的关键之一。他认为“孔子确是由儒术建设了‘儒学’的第一人，批判的活动有程度地复活了学术的新内容。……他自认为儒者的正统，和他对于西周制度的正义心是相一致，同时他又批判儒者，亦和他把诗、书、礼、乐道德化（系统学说）而否定形式具文相一致”①，孔子的“诗书礼乐之说（书乐合于诗礼），不同于搢绅先生的牧师说教。‘立于礼’是他的思想中心，但他附加了道德情操，而不是具文了”②。侯外庐先生认为：“‘立于礼’是孔子思想的核心。‘礼’在孔子的时代，具体而言是指西周遗制，即一种过时了的氏族宗法和古旧的宗教仪式。孔子断言‘不学礼无以立’。孔子的‘礼’将西周遗制纳入其中，是一个观念化的范畴，用来作为社会极则的。”③“孔子的‘礼’‘仁’观，都交织着主观上对旧制度的相对‘正义感’和客观上对新陈代谢的悲剧感的矛盾，交织着主观历史理想和客观历史动向认识的矛盾。从作为我国古代学术开山祖孔子的矛盾意识，一直到战国末年的诸子论争，逻辑地，雄辩地反映了先秦显族社会的

① 侯外庐：《孔子批判主义社会思想底研究》，中国社会科学院历史研究所中国思想史研究室《侯外庐史学论文选集（上）》，人民出版社，1987 年版，第 278 页。

② 侯外庐：《孔子批判主义社会思想底研究》，中国社会科学院历史研究所中国思想史研究室《侯外庐史学论文选集（上）》，人民出版社，1987 年版，第 278 页。

③ 侯外庐：《韧的追求》，生活·读书·新知三联书店，1985 年版，第 273－274 页。

难产过程。”[①] 尽管孔墨在关于文化内容和形式先后、高下方面侧重不同，但他们都受到诗书礼乐文化的深刻影响，都努力复活和发展西周文化，所以侯外庐先生认为“孔墨在春秋末与战国初，是批判了春秋传统而发展了中国古典文化”[②]，这是考察中国古代学术思想流变的关键，也是研究子学源流的基础，对于经学研究而言，把握《六经》的形成过程和研究的道德化倾向，也不能不在这个整体的学术思潮变动中加以审视。

四、反思“经学笺注”传统及经学研究方法

整体上，侯外庐先生的经学研究与其思想史研究是相互统一的，但是他对经学研究的独特性及传统经学研究的方法与成果也很重视。

侯外庐先生对思想史研究的复杂性有明确而自觉的认识，他认为：“一般说来，思想史（包括哲学史）上的范畴、概念之新旧交替，反映了人类思想本身变革的过程，亦即反映了人类认识活动不断深化的过程。但是，正像历史向前发展中总会出现曲折反复一样，人类认识的长河也不会是直线前进的。因此，在思想史上并非所有新的范畴、概念都是趋近客观真理的思想变革，有的甚至还可能是它的反面。……考察人类新旧范畴更替与思想具体变革的结合，关键在于依据不同历史条件，

---

① 侯外庐：《韧的追求》，生活·读书·新知三联书店，1985 年版，第 275 页。

② 侯外庐：《孔子批判主义社会思想底研究》，中国社会科学院历史研究所中国思想史研究室《侯外庐史学论文选集（上）》，人民出版社，1987 年版，第 282 页。

具体分析各种范畴在不同思想家的头脑中所反映的实际内容。"[①] 人类文明史上的这种普遍状况，或许给学术研究与创新创造了契机和条件，"任何一个时代的任何一种思想学说的形成，都不可能离开前人所提供的思想资料。应当说，思想的继承性是思想发展自身必不可少的一个环链。至于对前人思想遗产继承什么和怎样继承，则是由思想家所处的时代条件、阶级地位及其思想性格、学术渊源等诸种因素决定的。当然，继承并不意味着对前人思想的简单重复，而是包含着不同程度的、甚至是不同性质的改造。历史上有建树的思想家总是在大量吸取并改造前人思想资料的基础上，形成自己的思想学说。在中国思想史上，思想的继承性表现得特别明显。儒家的经学所以能像滚雪球一样越滚越大，和它通过笺注形式的继承关系而不断扩大其自身的积累是分不开的"[②]。经学的笺注传统，正是儒家思想不断传承和创新的形式和途径。

侯外庐先生特别关注中国古代思想文化发展的"经学笺注"传统及其意义，他认为："有了丰富的古代文化遗产作为凭借，中国中世纪的不同哲学流派，都通过古代学术的丰富传统，对各自所选择的古代思想材料来继承和改造。在儒学居统治地位的形势下，哲学家的著作大多采取了笺注或论释经籍的形式，而在经学外衣下面的实质则贯穿着唯物主义与唯心主义、无神论与神学、统治阶级正宗思想与富有人民性的异端思想之

---

① 侯外庐：《自序》，中国社会科学院历史研究所中国思想史研究室《侯外庐史学论文选集（上）》，人民出版社，1987 年版，第 12 页。

② 侯外庐：《自序》，中国社会科学院历史研究所中国思想史研究室《侯外庐史学论文选集（上）》，人民出版社，1987 年版，第 13 页。

间的党派斗争。”① “‘经学’的传统，在经师世代相承的系统上，虽然表现出中世纪拘于传统习惯势力的狭隘性；但在古代文化的保持上，又起着强固的传授或维系作用。这样层累地积蓄起来的文化，对于中国中世纪的思想史发生着不可忽视的影响。同时，这种经学笺注形式后来也应用到道家经典或佛教内典。”②

但是，关注经学笺注并不能抹煞经学发展不同历史时期的学术特征。这就涉及经学的形式及本质问题，侯外庐先生有独到的体会，他将经学作为中国封建社会的学术形态来对待，谶纬、玄学、理学等都是这种经学不同的具体表现形式，经学本身所包含的思想学术也具有复杂性，排除对经学观照的简单化倾向。侯外庐先生曾具体论证过这一问题，“从思想史的发展来看，它本身都是借助于传统的思想材料，改变其形式，进而增补其内容。有的利用思想材料进行改编工作，为统治阶级说教，这就是‘正宗’；有的利用思想材料，进行改造工作，反抗统治阶级，这就是所谓‘异端’；他们所利用的材料可能都是经学形式，然而他们的立场观点却又可能完全相反。中国中世纪历史上的经学笺注主义就是由此而产生的，不论秦汉人的经学的谶纬化，魏晋人的经学的玄学化，唐宋以来的经学的科

① 侯外庐：《中国封建社会前期的不同哲学流派及其发展》，中国社会科学院历史研究所中国思想史研究室《侯外庐史学论文选集（上）》，人民出版社，1987 年版，第 366 页。

② 侯外庐：《中国封建社会前期的不同哲学流派及其发展》，中国社会科学院历史研究所中国思想史研究室《侯外庐史学论文选集（上）》，人民出版社，1987 年版，第 366 页。

举以至八股化和道学化，都应该从这里去了解。”①

如：“清初学者开风气者，气理、文辞、学问并没有分家，即以博雅者顾亭林而言，亦以考证为手段，经世致用为目的。亭林所谓‘六经之旨’与‘当世之务’并提，而且是以后者为内容，和乾嘉学者的经学实在是两种东西，不容混同。因为以经学挽救理学的空谈是一回事，而以经学只限于训诂名物（甚至东原的由词通道）又是一回事。”②“专门汉学，自康熙以至乾嘉二朝，已成为中国文化的支配学术，其间指导的主流，是企图腰斩清初活文化的人民性与社会性，在古典的经籍中使之失去个性的发展，从文化上‘开明’的烙印冲淡那异族统治的仇恨；然而这亦可能产生了副作用，即乾嘉学者的治学方法以及由经学的整理而扩充到一般文献（尤其子学，如与章实斋同时的汪中即招来墨者的头衔）之探寻。”③他对经学研究和影响的复杂性有着充分的关注。

从方法论角度，侯外庐先生对经学研究的传统方法有比较中肯的评价。他认为：“无论研究社会史、思想史，要想得出科学论断，均须勤恳虚心地吸取前人考据学方面的成果，整理出确实可靠的史料。考据学本身算不上历史科学，但它却是历

---

① 侯外庐：《论中国封建制的形式及其法典化》，中国社会科学院历史研究所中国思想史研究室《侯外庐史学论文选集（上）》，人民出版社，1987 年版，第 201 页。

② 侯外庐：《乾嘉时代的汉学潮流与文化史学的抗议》，中国社会科学院历史研究所中国思想史研究室《侯外庐史学论文选集（下）》，人民出版社，1988 年版，第 225 页。

③ 侯外庐：《乾嘉时代的汉学潮流与文化史学的抗议》，中国社会科学院历史研究所中国思想史研究室《侯外庐史学论文选集（下）》，人民出版社，1988 年版，第 226 页。

史科学不可缺少的专门学问。如果要研究中国历史，尤其是古代史，就必须钻一下牛角尖，在文字训诂、史料考证辨伪方面下一番功夫。要遵守前人的严谨的方法，不可随意采择史料。例如，如果拿《周礼》来论证周初的制度，如果拿《管子》来论述管仲思想，就会犯错误。……历史科学要求实事求是的研究，不能流入夸诞和虚构。"[①] 侯外庐先生在学术研究中，谨守考证辨伪的方法，主张"考据学是一门专门学问，我从来反对虚无主义地对待考据学"[②]，他的《中国古代社会史论》《中国古代思想学说史》《中国思想通史》（第一卷）等也鲜明地体现了这个特色。

侯外庐先生在学术研究中很重视"阐微决疑"，"阐微"指"力图用科学的方法，从古文献中发掘历史的隐秘"[③]；"决疑"指"关心于解决历史的疑难"[④]，具有强烈的问题意识。这种"阐微决疑""学贵自得"的精神目的在于不断创新。前文涉及侯外庐先生对《诗》《书》的研究，即是这种"阐微决疑"的鲜活例证。

总之，侯外庐先生通过对经学文献资料实事求是的钻研，注重思想史与社会史的有机结合，开创了经学研究的新路，与

---

① 侯外庐：《自序》，中国社会科学院历史研究所中国思想史研究室《侯外庐史学论文选集（上）》，人民出版社，1987 年版，第 17 – 18 页。

② 侯外庐：《韧的追求》，生活·读书·新知三联书店，1985 年版，第 117 页。

③ 侯外庐：《自序》，中国社会科学院历史研究所中国思想史研究室《侯外庐史学论文选集（上）》，人民出版社，1987 年版，第 16 页。

④ 侯外庐：《自序》，中国社会科学院历史研究所中国思想史研究室《侯外庐史学论文选集（上）》，人民出版社，1987 年版，第 17 页。

传统的章句训诂、义理阐发、考据学研究不同，另辟新途，别树一帜，特别是利用《诗》《书》等，结合出土金文和流传的历史学文献（如《左传》《国语》等）概括和揭示先秦社会政治和思想观念的演进，独获良多，特色鲜明，留下了丰厚的学术遗产，蕴含着不少对开拓和深化经学研究的宝贵启示。侯外庐先生的经学研究是对隋代王通、宋代吕祖谦、清代章学诚等主张的“六经皆史”传统的继承和弘扬，他将经学文献（包括经学元典和经学研究作品）作为考察社会状况和思想意识的主要依据，在全面搜集、分辨勘查、深入研究的基础上，融会贯通，不拘一曲，互证抉微，在经学研究视野和深度上都是值得进一步研究和反思的。

原载《西北大学学报》（社会科学版）2011 年第 2 期

侯外庐先生的教育思想与实践
——以其担任西北大学校长为中心

方光华　曹振明
（西北大学中国思想文化研究所；西北大学校史校志研究室）

侯先生长期从事教育事业。留法归国后，侯先生先后任教于哈尔滨政法大学、北平大学、北平师范大学、香港达德学院、民族革命大学等，并在北京大学、中国大学等兼课。1949 年 4 月，北京解放两个月后，侯先生被任命为北京师范大学历史系主任，推动北师大历史系的改革发展走在全国前列。新中国成立后，侯先生又被任命为中央人民政府文教委员会委员、西北军政委员会文教委员、西北大学校长等职，对新中国教育改革发展进行了颇富创造性的探索实践，为开拓中国教育发展道路做出了重要贡献。与侯先生学术思想不断受到广泛关注和探讨不同，侯先生的教育思想与实践长期未得到足够的重视和研究。[1]本文以其担任西北大学校长为中心，对侯先生的教育思想和实践做一探析，供批评指正。

一、办学理念

1. 新民主主义指向

民国是我国高等教育建设发展的关键时期，为我国现代高等教育奠定了重要基础，它所展现出的民族独立、学术自由、国家富强、文化复兴等追求难能可贵。但民国教育也存在着不可忽视的缺陷。比如，因受时代和条件限制，民国高等教育的受众或服务对象很不平衡，“如果不是封建地主或资产阶级的子弟，是很少有机会受大学教育的”[①]；学校里的“人事纠纷又很复杂”，存在着的“衙门化的官僚主义作风”[②]；文化思想上有着“自清末的‘中学为体，西学为用’，经过北洋政府的复古，以至‘党化教育’的法西斯化”[③]的流弊；等等。

作为早期马克思主义者，侯先生认为，中国近代以来的民主主义、三民主义思潮终将发展为新民主主义，“新民主主义是对法西斯复古与一切古代中古所残留的腐朽制度，作历史的一次清算”[④]，强调粉碎消尽封建和资产阶级旧国家所有机器，将民主平权贯彻到底以进于社会主义平权，特别关注人民大众的彻底解放及其自由全面发展权利的完全获得。他将民国教育缺陷总结为“封建买办贵族的专有性质”，主张“今后的文化学术的政策，是和人民的民主制度息息相关……将是依靠人民，为着人民，属于人民”[⑤]。到任西大后，侯先生将“改造旧型大学”“建设人民的新西大”[⑥]视为首要任务，倡导教师“为人民

---

① 周恩来：《在全国高等教育会议上的讲话》（1950年6月8日），中共中央文献研究室《建国以来重要文献选编》，中央文献出版社，2011年版，第235页。

② 戴仁中：《侯外庐校长访问记》，《光明日报》1950年9月6日，第4版。

③ 侯外庐：《中国新文化的前途》，《新文化论丛》1948年第1期。

④ 侯外庐：《新民主主义的历史认识》，《理论与现实丛刊》，1948年第3期。

⑤ 侯外庐：《中国新文化的前途》，《新文化论丛》1948年第1期。

⑥ 戴仁中：《侯外庐校长访问记》，《光明日报》1950年9月6日，第4版。

教师（学）”、学生“为人民学习”[①]，反对官僚作风、“走群众路线”[②]，组建中国教育工会西北大学委员会，“积极吸取工会、学生会、团和党的建议与批评”，“创造条件使之发挥高度的积极性”[③]，在招生政策中适当向工农青年倾斜[④]等，深入贯彻他在改造西大的“新三风”中所强调的“为人民服务的立场观点”[⑤]。

与此同时，新民主主义的文化学术，也将“在自由民主的土壤中”得以构建。“中国的知识分子站在除旧布新的伟大时代，从历史的教养，从世界的潮势，从人民的学习，从自我的觉醒，提高了光明的信心，更无比强大地团结起来。他们对统治者加于他们的压迫枷锁，和人民同其步伐，以‘团结就是力量’的精神实行挣断；他们对那些知识分子群的纵横食客、卫道市侩，更以理性认识的批判予以揭发……使封建法西斯的遗毒的根芽不能再行培植起来。”[⑥] 侯先生认为，构建新民主主义文化学术的有力武器就是马克思主义理论。他号召师生自觉学习马克思主义理论，并亲自站上讲台给全校师生深入浅出地讲授《什么是民主主义》《立场、观点与方法》《从鲁迅笔名与“阿Q”人名说到怎样认识鲁迅并怎样向鲁迅学习》《解答学习

---

① 侯外庐：《怎样了解新教学制度的基本精神》，《新西大学习报》第4期（1950年11月1日）。

② 侯外庐：《本校1950年度学期总结及51年计划》，《新西大学习报》第12期（1951年4月20日）。

③ 侯外庐：《本校1950年度学期总结及51年计划》，《新西大学习报》第12期（1951年4月20日）。

④ 《西北大学暂行规程草案》，西北大学档案1951年行政（永久）类第13号。

⑤ 侯外庐：《新三风》，《新西大学习报》第1期（1950年9月16日）。

⑥ 侯外庐：《中国新文化的前途》，《新文化论丛》1948年第1期。

〈实践论〉后的一些问题》等专题报告，倡导“大公无私革命的立场，唯物发展的观点，在无产阶级的历史实践以及要求之中，不断地证验，不断地成为历史的实在，于是就综合成为一套完整的对待一切自然、社会科学以及思维问题的方法”[①]。侯先生认为，马克思主义理论可以帮助我们更加科学地接近自然事物的真实本质，更加有效地揭示社会文化的实质内涵，在此基础上“新文化学术的庞大队伍，将在自由民主的土壤中，耕耘出最肥美的果实，这是无可怀疑的”[②]。

2.“以教学为中心”，教学与科研“相互配合”

侯先生认为，大学首先是教学机关，须以教学为中心，同时也是科研机构，应开展科学研究，并强调两者必须相互配合、相互促进。到任西大伊始，侯先生提出的改造西大的“新三风”[③]，无不着眼于大学的教学与科研这两项基本任务。

其一，大学的基本任务是人才培养，首先要以教学为中心，努力提高教学质量。侯先生提出“一切为了教学，一切围绕教学，一切归到教学”[④] 的口号，认为“学校的一切新活动必须从教学出发，围绕着教学中心而且复须回到教学。凡是脱离教

---

① 侯外庐：《立场、观点与方法》，《新西大学习报》第 2 期（1950 年 10 月 1 日）。

② 侯外庐：《中国新文化的前途》，《新文化论丛》1948 年第 1 期。

③ 即“依靠批评与自我批评的武器，树立‘师生互助、教学相长’的新校风；依靠有计划、有检查、有总结、有纪律的教学制度，创造实事求是、严肃工作的新学风；依据为人民服务的立场观点，培植理论与实际相结合的新研究风”。侯外庐：《新三风——代发刊词》，《新西大学习报》第 1 期（1950 年 9 月 16 日）。

④ 侯外庐：《本校 1950 年度学期总结及 51 年计划》，《新西大学习报》第 12 期（1951 年 4 月 20 日）。

学的活动的偏向，必须加以纠正”[①]。为此，侯先生在“新三风”中提出“有计划、有检查、有总结、有纪律的教学制度”，倡导“三三制”教学原则，采取了在教务处成立课业组、教导组，组建与完善教研组，狠抓课程改革和教学改革及教材建设，建立辅导制度、班主任制度、自习制度、课代表制度，成立学生学习小组、互助小组，要求学生制订学习计划等系统性措施。

其二，在全国高校中较早倡导研究风气，加强科学研究工作。新中国成立初期，大学的科研任务未及时受到应有的重视。初到西大，侯先生即在“新三风”中提出“新研究风”。后又强调“继续贯彻‘新三风’即新校风、新学风、新研究风，特别是新研究风，今后我们将有计划地建立研究员制度，并为新研究风创造有利条件”[②]，支持师生开展科学研究，组织校内外学者举行学术报告，先后成立或计划成立理学院综合研究所、化学研究所、地学研究室、地理研究室、数学研究室、会计统计研究室、文史研究室、教育研究室（另有电化教育室、科学仪器修造所等）等机构“进行各科的专业研究”，并招收研究生“协助研究工作的进行”[③]。倡导学校成立科学研究委员会及科研工作管理部门、制定学校科研工作规划、出版科学研究杂志等。[④]

其三，强调教学和科研必须“相互配合”，即用科研丰富

---

① 戴仁中：《侯外庐校长访问记》，《光明日报》1950 年 9 月 6 日，第 4 版。

② 侯外庐：《更进一步，为建设人民西大而努力》，《新西大学习报》第 10 期（1951 年 3 月 16 日）。

③ 《西北大学发展计划》，西北大学档案 1951 年行政（永久）类第 1 号。

④ 《西北大学第二次校务会议记录》（1954 年 6 月 17 日），西北大学档案 1953 年行政（永久）类第 7 号。

教学内容，用教学推动科研的发展①。1951 年制定的《西北大学发展计划》就明确强调了教学和科研的“相互配合”问题②，侯先生主张，教师不能脱离教学而专搞科研，也不能排斥科研而专搞教学，要充分认识到教学与科研的相互结合和相互促进作用，指出“教学改革加上科学研究，是加上提高质量和业务水平”，“只有进行科学研究工作，才能提高教学质量”，并使教师“感到（知识）不够，就要补课”，“提高（教师）学术修养水平”；侯先生还申明，“科学研究和教学工作没有矛盾”，“科学研究和教学任务不是对立的”，“关键在于组织、领导、计划”，“如果有了矛盾，就是领导的不好、安排不当、组织不当的矛盾”③。

侯先生加强教学和科研及其相互配合的一个特别值得注意的举措，是借鉴其担任北京师范大学历史系主任时的创举，在西北大学积极组建并进一步完善“教学科研指导组”（即“教研组”），将其作为提高教学质量和开展科研工作的基本组织。根据性质及分工不同，到 1950 年下半年，西北大学的教研组有兼顾教学与科研、以教学为主、以科研为主、专对学生业课（毕业论文及生产实习）等 4 种。④ 当时，在高校组建和推行

---

① 张岂之：《学习侯外庐先生的教育思想》，见《纪念侯外庐文集》，陕西人民教育出版社，1991 年版，第 14－17 页。

② 《西北大学发展计划》，西北大学档案 1951 年行政（永久）类第 1 号。

③ 《西北大学行政会议记录》（1954 年 6 月 7 日），西北大学档案 1953 年行政（永久）类第 7 号；《西北大学第二次校务会议记录》（1954 年 6 月 17 日），西北大学档案 1953 年行政（永久）类第 7 号。

④ 《西北大学 1950 年度第二学期工作总结与 1951 年度第一学期工作计划》，西北大学档案 1951 年行政（永久）类第 1 号。

“教研组”的做法在全国是一个先进经验，收效明显，1951年中央教育部对此曾予以表彰并向全国高校推广。[①] 1951年西北大学赢得“进步得很快”“各校向西北大学看齐”等广泛赞誉[②]，与此不无关联。

3. 师资人才是办好大学的“根本”

民国学者曾提出“所谓大学者，非谓有大楼之谓也，有大师之谓也”[③] 论断，揭示出师资特别是优秀学者对大学的重要意义。侯先生同样深知高水平师资对大学发展的关键作用，特别重视和爱护人才，认为这是办好大学的“根本”[④]。

为加强和提升学校的师资人才，侯先生一方面不遗余力地挽留和关心学校的一批著名学者，如岳劼恒、张伯声、虞宏正、张西堂、傅庚生、史念海、龙标云、杨永芳、刘亦衎、李中宪等均受到侯先生的热情关心和爱护。侯先生还“及时上报教育部给一些教师评定了教授、副教授职称”[⑤]。当闻讯地质系杨杰教授因家眷在京准备离校时，侯先生追到学校门口，亲自动手将其行李卸下车并予以恳切挽留。当得知生物系李中宪教授受

① 中央人民政府教育部：《全国高等学校1950年度教学计划审查总结》，西北大学档案1951年行政（永久）类第12号。

② 侯外庐：《本校1950年度学期总结及51年计划》，《新西大学习报》第12期（1951年4月20日）；编者：《中央教育部对我校的表扬》，《新西大学习报》第13期（1951年5月1日）；史念海：《史念海教授来函》，《新西大学习报》第13期（1951年5月1日）。

③ 梅贻琦：《教授的责任》，《清华大学校刊》第432号（1932年9月16日）。

④ 侯外庐：《我在西北大学的日子里》，《人民政协报》1985年10月10日第4版。

⑤ 侯外庐：《我在西北大学的日子里》，《人民政协报》1985年10月10日第4版。

聘于北京师范大学时，他致函北师大校长林励儒退回聘书。另一方面，不拘一格地从全国聘请一大批学者来校，如历史系有陈登原、陈直、楼公凯、郭绳武、马长寿、武伯纶、黄晖、林伦彦、王耘庄、姚学敏、斯维至等，外语系有水天同、王冠瀛等，经济系有刘泽膏、李述礼、刘不同、刘大鸿、段文燕、叶守济、蓝贞亮等，地理系有傅角今、夏开儒、王成组等，物理系有陈祖炳、田渠、江仁寿等，化学系有沈石年、方乘等，生物系有李中宪、陈兆骝等，地质系有王永焱，等等。他们大都是留学海外或学有专长的专家学者，尽管其中有人并没上过大学、没取得任何学位（如陈直先生）。当时的西北大学可谓是群英荟萃、人才济济，成为全国大学的高水平学术阵地。

与此同时，侯先生十分重视对学校青年教师的选拔和培养。截至 1954 年 7 月，学校送出外校进修的青年教师有 29 人，在校内培养的青年教师有 105 人。[①] 其中，就包括日后成为学校主要学科带头人的“王氏定理”发明者、被誉为“中国的骄傲”的著名数学家王戍堂先生，著名历史学家、思想史学家、教育家张岂之先生，著名世界史学家彭树智先生，著名经济学家何炼成先生等，为西北大学的高水平办学和长远发展奠定了坚实的基础。

4．规划好综合性大学的学科格局

新中国成立后，院系调整成为中国高等教育改革发展的一件大事。对于大学特别是综合性大学的学科建设与发展，侯先生在遵循国家有关方针政策的同时，提出了自己的独特思考和设计。

---

① 西北大学呈送西北教育局文件：《报送我校移交资料》，西北大学档案 1954 年行政（永久）类第 9 号。

其一，兼容并茂，综合发展。根据学校原有基础和将来发展需要，1951 年侯先生大胆地提出了包括文学院、理学院、地学院、师范学院、财经学院等 5 院 42 系科及若干研究所的综合性大学发展规划。[①] 遗憾未得到中央教育部批准。在侯先生领导下，至 1952 年上半年，西北大学设有 19 个系和 7 个专修科[②]，是新中国成立至改革开放前学校系科最多的时期；其后（截止到 1954 年 9 月）又成立英语系、政治教育系、经济系、

---

① 5 院 42 系科分别是：文学院：中国语文系、外国语文系（内分俄文、英文、德文、法文四组）、历史系、民族系（内分蒙文、维文、藏文三组）、俄文专修科；理学院：数学系、物理系、化学系、生物系（内分动物、植物两组）；地学院：地理系、气象系、地质系、石油地质系、物理探矿系、经济地质专修科、石油地质专修科、测量绘图专修科；师范学院：教育系、中国语文系、数学系、理化系（内分物理、化学两组）、史地系、美工系、体育系、音乐戏剧系、国文专修科、数学专修科、理化专修科；财经学院：财政系、经济系、金融系、企业管理系、贸易系、会计系、统计系、合作系、货币管理专修科、统计会计专修科、合作专修科、合作信贷专修科、贸易专修科、经济计划专修科。若干研究所为：综合研究所、科学仪器修造所、地学研究室、文物研究室、电化教育室、数学研究室、统计研究室、印刷所及其他。（系内所分的“组”，在经费、设备分配等方面被视为“系”）参见《西北大学发展计划》，西北大学档案 1951 年行政（永久）类第 1 号；《西北大学暂行规程草案》，西北大学档案 1951 年行政（永久）类第 13 号。

② 分别为：文学院：中国语文系、外国语文系（内分英文、俄文两组）、历史系、民族系（原边政系）、俄文专修科；理学院：数学系、物理系、化学系、生物系、地理系、地质系、石油地质专修科；师范学院：教育系、中文系、数学系、理化系、史地系、中国语文专修科、数学专修科、理化专修科、史地专修科、生物专修科；财经学院：财政金融系、企业管理系、会计系、统计系（银行会计专修科、统计专修科只办了一个学期）。医学院于 1950 年 5 月在侯先生到任西大前已奉部令独立设置为西北医学院。

法律系及司法专修科和马列主义研究班等。

其二，凝练学科“发展方向”。如侯先生认为，“在我校实质等于小型工学院”的地质系应向理科方面发展，偏重于地质构造、地史古生物和矿床方面；物理系向应用物理及有关地质方面的物理科学发展；化学系向工业分析及矿石分析方面发展；数学系结合物理学向应用数学方面发展[①]；1954 年 2 月，将为配合新中国成立之初国家经济建设急需而注意培养“技术业务人才”的财经学院四系，改组成为培养“具有一定国民经济理论基础、能从事研究或教学人才”的“经济计划系”[②]；基于同样考虑，1954 年 9 月在司法专修科基础上成立法律系[③]等。

其三，不同学科发展有先后而无轻重。虽然侯先生根据中央高教部《关于各综合大学研究发展重点与方向的指示》，拟定了“‘全校以理科为重点，理科以地质系科为重点’的总方向”[④]，并提出“重点培养历史系中国史教研组、数学系高等数

---

① 西北大学呈送西北教育局转中央高教部综合大学司文件：《呈送我校关于今后发展的几点意见请参考》，西北大学档案 1953 年行政（永久）类第 1 号；《西北大学 1952—1953 年度教学改革工作总结报告》，西北大学档案 1953 年行政（永久）类第 1 号。

② 西北大学呈送西北教育局文件：《报送关于在我校设立经济计划系并在系内设国民经济计划专业的意见报告请核示》，西北大学档案 1954 年行政（永久）类第 3 号。

③ 西北行政委员会教育局：《转（中央高等教育部）知由今年 9 月 1 日起停办司法专修科并正式成立法律系由》，西北大学档案 1954 年行政（永久）类第 3 号。

④ 西北大学呈送中央教育部文件：《报送西北大学发展重点与方向的初步意见请核示由》，西北大学档案 1953 年行政（长期）类第 16 号。

学教研组、统计系统计学教研组”[①] 等发展规划，但侯先生对此曾予以检讨：“过去自己常说理学院地质系是重点，应予检讨。我们应认识（到）只有缓急先后之分，不能有轻重之分”[②]；又强调说：“对于各系科一方面既要克服轻重区别的绝对认识……另一方面也要纠正齐头并进、不分先后缓急的平均主义思想”[③]。可见，侯先生对大学各个学科予以同等重视，但强调不同时期不同学科发展应有先后缓急，所谓发展“重点”更准确的理解应是“先后”之“先”。

5. 大学当有“学以致用”的使命自觉

侯先生对中国传统文化“学以致用”的优良传统有着深刻体会。到任伊始，他即提出学校应当自觉“适应国家经济建设——尤其是大西北之建设需要”，“配合新民主主义经济及文化建设上的需要”[④] 的办学愿景。在侯先生领导下，西北大学更加坚定了服务国家发展、肩负西北建设、荟萃世界思想、弘扬民族文化的使命自觉。

大学应当自觉承担起国家和区域发展重任。为更大规模地

---

① 《教务处1952—1953学年度第二学期工作计划》，西北大学档案1953年行政（永久）类第21号。

② 《西北大学第九次校务会议记录》，西北大学档案1953年行政（永久）类第7号。

③ 《西北大学1953—1954年度工作计划要点》，西北大学档案1953年行政（定期）类第2号。

④ 西北大学呈送西北军政委员会、财经委员会文件：《为本校理学院各系因设备简陋急待扩充编订特别扩充费概算请发核准予拨款由》，西北大学档案1950年行政（长期）类第11号；西北大学呈送西北军政委员会教育部文件：《复（中央教育部）理学院课程改革小组所提草案本校研究结果》，西北大学档案1950年行政（永久）类第10号。

培养国家建设人才，侯先生计划增招学生一千多名。[1] 为国家和西北社会经济与教育文化“三五年内建设发展需要”和“今后所需要设立者”，侯先生提出了作为综合性大学的宏大的院系设置和学科建设发展规划。[2] 侯先生还特别强调要加强学校“与政府各有关业务部门密切联系、紧密合作”，在课程设置和科学研究方面“采纳各有关部门之意见和要求”以切合国家和西北需要。[3] 如化学系开设化工原理、工业化学、工业分析、化工计算、石油化学诸课，与西北财经委员会成立化学试验所；物理系设有电工原理及无线电等课；生物系对于病虫害及选种优生等均设有专课；地质系课程注意各种矿产的勘察鉴定，张伯声教授受西北黄河工程局委托指导泾河水库工程建设，夏开儒教授结合黄泛调查发表《豫东贾鲁河流域黄泛沉积》，张尔道讲师结合指导学生实习发表《河南嵩山前寒武纪地层》；财经学院各系课程与人才培养积极适应当前实际需要；历史系与文化部等建立协作关系；校卫生所担负西北畜牧局的医务工作等。为培养各类国家急需人才，侯先生在全国率先举办地质矿产勘查、石油与天然气地质勘探、银行会计、统计、语文、数学、理化、生物、博物、史地、司法等专修科及“马列主义研究班”，其中地质矿产勘查和石油与天然气地质勘探专修科为

---

① 侯外庐：《本校1950年度学期总结及51年计划》，《新西大学习报》第12期（1951年4月20日）。

② 《西北大学发展计划》，西北大学档案1951年行政（永久）类第1号；《西北大学暂行规程草案》，西北大学档案1951年行政（永久）类第13号。

③ 西北大学呈送西北军政委员会各部委文件：《呈送本校各系课程草案请予指正并请经常联系由》，西北大学档案1950年行政（永久）类第10号。

新中国培养出一大批石油地质战线骨干力量，为我国甩掉贫油国帽子做出突出贡献，学校因此被誉为“中华石油英才之母”。

二、人才培养理念

1. 培养基础扎实和具有创造精神的高级人才

在应国家建设急需而培养各类“技术业务人才”的同时，侯先生强调大学更应培养基础扎实和具有创造精神的高级人才。他赞同《共同纲领》提出的“高等教育的任务是培养具有高度文化水平、掌握现代科学技术的成就，并全心全意为人民服务的高级建设人才”①，规定教学计划及教学大纲“必须有系统的有重点的作内容之充实”②，“解决各系科的、各课程间的有机配合，解决讲授与实验、实习间的有机配合”③，使学生掌握系统的基础理论知识和实际运用能力。在此基础上，侯先生特别重视学生自学能力、独立品格和创造精神的养成，强调“自学是一切学习的基础，如果不重视自学，学习就不可能搞好，就是有好的教师也不能起到应有的作用，再好的学习方法也会流于形式”④，启发学生“独立思考与克服困难的精神”，“独立工作和研究能力”，注重养成“学生之积极性与创造性”“自觉的

---

① 侯外庐：《新三风》，《新西大学习报》第 1 期（1950 年 9 月 16 日）。

② 《西北大学暂行规程草案》，西北大学档案 1951 年行政（永久）类第 13 号。

③ 侯外庐：《西北大学 1952—1953 学年度第二学期教学经验交流会总结》，西北大学档案 1953 年行政（永久）类第 1 号。

④ 《西北大学 1951 年度第二学期学生学习期终总结》，西北大学档案 1952 年行政（永久）类第 14 号。

创造性与积极性”[①]。在侯先生的领导下，学校教务处提出教学计划“必须规定一系列的理论基础课和专业课”，注意各个课程间的“分工和衔接”，“启发他们（学生）独立思考和研究的积极性”，以培养“具有独立工作能力的干部，服务生产部门或研究机关时，才能解决实际的问题，发展科学的理论”[②]。

2. 教学相长

《礼记·学记》提出的“教学相长”，是对先秦教学思想与经验的凝练总结，揭示了教学活动的基本规律。侯先生所倡导的“新三风”中的第一风，就是“依靠批评与自我批评的武器，树立‘师生互助、教学相长’的新校风”，强调“教与学两方面必须紧密配合”，在诸多关系中搞好最重要的“师生关系”，“才能收到预期的效果”，“才能保证新教学制度的顺利执行和全部实现”[③]。除组建教研组外，侯先生还在教务处成立课业组、狠抓课程计划和教学大纲及教材建设、建立辅导制度等，充分发挥和提高教师的作用，同时重视和调动学生的积极性促进教师不断提高教学质量，《西大加强各系科教学工作办法》规定，“各课程的教学大纲及进度制订好后，各系科先将此两

① 侯外庐：《更进一步，为建设人民西大而努力》，《新西大学习报》第10期（1951年3月16日）；《西北大学暂行规程草案》，西北大学档案1951年行政（永久）类第13号；《西北大学1953—1954学年度教学工作计划》，西北大学档案1953年行政（定期）类第2号。

② 西北大学教务处：《教学专业设置与教学计划问题》，收录于《西北大学1952—1953学年度第二学期教学经验交流会报告选辑》，西北大学档案1953年行政（永久）类第1号。

③ 侯外庐：《怎样了解新教学制度的基本精神》，《新西大学习报》第4期（1950年11月1日）；《西北大学1951年度第二学期学生学习期终总结》，西北大学档案1952年行政（永久）类第14号。

种表公布，通知同学研究，提出意见，然后召开系科全体教师会议，参考同学所提意见，研究讨论”[①] 并最终确定。在侯先生的倡导下，“学生对于有些先生教材教法上的缺点，能够适当地提出建议，先生对于同学的建议，也能够虚心接纳并适当的注意”，形成“（师生）相互团结合作，积极研究改进教学”[②] 的良好局面。

3．“学”“思”“艺”“学”相辅

中国传统教育理念强调“学”“思”“艺”“学”相辅，认为“学而不思则罔，思而不学则殆”（《论语·为政》），“不兴其艺，不能乐学”（《礼记·学记》）。为了达到更好的教学效果和培养具有综合素质的高级人才，侯先生在传统教育理念基础上提出“三三制”教学原则。“三三制”包含两方面内容，一是“学习八小时，睡眠八小时和娱乐休息以及其他社团活动八小时”“三者的适当配置”，当然侯先生强调不能“机械”地运用“三三制”，要从“思想方法”上掌握其“基本法则”，“灵活地归到大家的学习计划中去”，“各院系还应根据课程性质和实际需要不同而有不同的运用方法”；二是“在整个教学的历程中，不只是在课堂讲课与听课而已；还含有其他更重要的因素，那就是自学的因素与其他讨论、实习和研究等的因素”，其“更根本的精神”是“含有讲授、自学和辅导三个因素的教学制度”[③]。可见，侯先生的“三三制”教学，既注重教师的讲

---

① 《西大加强各系科教学工作办法》，西北大学档案 1953 年行政（短期）类第 1 号。

② 岳劼恒、傅角今等：《本校改进中的主要经验》，《新西大学习报》第 14 期（1951 年 5 月 16 日）。

③ 侯外庐：《怎样了解新教学制度的基本精神》，《新西大学习报》第 4 期（1950 年 11 月 1 日）。

解传授，又强调学生自觉的独立思考和主动探究，展现出“翻转课堂”的基本精神；既注重学生基本理论和专业知识的理解消化，又强调文艺娱乐和社会实践对学生品格的陶冶融会，从而全面提高学生基本素质、实现学生“全面发展”①。侯先生可谓是共和国倡导和践行素质教育或文化素质教育的先驱。

4．知行合一

“知行”问题是中国古代探讨的一个重要命题，侯先生基于此提出了新的“知行合一”教育理念。他指出：“中国古人好讲知行学说，如王阳明讲的‘知行合一’，这却不可和《实践论》混为一谈。他所谓‘知’，不是从实践出发的认识，而是个人内心的体验；他所谓‘行’，是个人有限的封建道德的小行为。他想把有限的主观道理，在个人行为中统一，这完全是唯心的。孙中山的‘知难行易’，与《尚书》上说的‘知之匪艰，行之唯艰’，从‘实践’这个真理标准来批判，这两种说法，都是不对的，实际上就没有知难行易或知易行难的问题。知难行也难，知易行也易，认识、实践是统一的。这个打交道的客、主的统一关系，来往打交道，循环往复，以至无穷。并且到一定程度，是要突变的。从实践到认识再到实践，循环若干次，可能到一阶段，改变了客观现实，再回到主观的时候，就要改变主观。”② 这也就是侯先生提出的实事求是、主观与客观相统一、理论与实际相结合的“知行合一”。侯先生并不认

---

① 西北大学呈送西北军政委员会、财经委员会文件：《为本校理学院各系因设备简陋急待扩充编订特别扩充费概算请发核准予拨款由》，西北大学档案1950年行政（长期）类第11号。

② 侯外庐：《解答学习〈实践论〉后的一些问题——3月6日侯校长在本校大礼堂讲》，《新西大学习报》第11期（1951年4月1日）。

同一味地“为学术而学术”，他对学校办学要密切联系国家建设和社会发展的推动、对学校师生要积极参加社会实习与实践的强调以及在青年人才培养方面的“层层加码”和“在水中学游泳”的基本经验等，都是与他的知行观相吻合的。

5. 倾力关心青年成长成才

侯先生对青年寄予开创未来的极大希望，特别重视青年的成长成才并予以倾力指导和帮助。他指出：“青年一方面继承着过去文化发展与社会发展的宝贵食粮与财产，他方面继承人的任务却在于继往开来”，“中国新文化的乐园正需要新的文化干部去开辟”，因此我们“须培养出大量的青年文化干部”①。在担任校长期间，侯先生对青年学生关怀备至，给予最大的指导和帮助，甚至不拘一格。当王成堂还是数学系低年级学生时，便向学校提出进修三、四年级课程的要求。当时数学系负责人以无先例为由，没有同意。他便直接向侯先生申请。侯先生对此十分重视，委托高扬同志经多方面了解后，亲自批准了王成堂的要求，使王成堂能够自由地选修高年级课程。王成堂后来巨大学术成就的取得，离不开侯先生当年不拘一格的关怀和帮助。当中文系学生佘树声将论述《阿Q正传》的万字长文呈送侯先生指教时，侯先生细致入微地给佘树声写下了两千多字的指导意见。后来佘树声成为著名的历史学家。② 侯先生还培养了一大批卓有成就的历史文化学者。张岂之先生曾撰文回忆侯

① 侯外庐：《青年对于抗战建国的任务》，《救亡周刊》1938年第22期。

② 张洲：《侯外庐在西北大学》，《文博》1996年第4期；张洲：《回忆侯外庐校长》，《西北大学学报》（哲学社会科学版），1997年第1期；阎愈新：《侯外庐出长西北大学》，《百年潮》2004年第2期。

先生“非常重视人才的培养和梯队的建设”的点点滴滴，真诚地感到侯先生学生的成长成才以及他们的诸多学术成果的取得“和外庐先生的具体指导和热情扶植是分不开的”[①]。

三、教育的文化自觉功能

1. 文化自觉与文化自信

侯先生有着广阔的世界眼光，更在中外文明发展史的横纵探察中形成了高度的文化自觉和文化自信，认为中国先民在五千年的独特发展道路中创造了丰厚的优秀理念和治世智慧，它们是中华民族不忘本来、吸收外来、面向未来的宝贵财富。侯先生清醒地认识到，“世界潮流是谁也阻挡不住的”，中国新的文化学术“将必然是世界新文化的一部分”，在这种广阔的世界眼光中，侯先生在20世纪上半叶明确提出“中国文化遗产的保存与光大”问题，指出“中国民族的悠久文化历史，是先民支出了宝贵智慧而聚集的财富”，“是数千载劳动人民所培植的花果”，“在我们能够练达学术中国化并且加深学术中国化的时候，我们便有力量来讲接受优良遗产，继承着先民的单纯再生产的足迹而乘积起来，使其扩大再生产，这叫作真正的‘继往开来’”。侯先生反对“文化闭关”的狭小视野，同样反对“国粹主义的‘中国本位文化’的说客”，这是侯先生所言“真正的‘继往开来’”的基本前提。[②]

大学作为学术文化高地，应当勇于“荟萃世界文化”，“真

① 张岂之：《远见卓识的引路者——略论侯外庐先生对中国思想史、哲学史研究的卓越贡献》，《哲学研究》1987年第11期。

② 侯外庐：《中国新文化的前途》，《新文化论丛》1948年第1期。

正接受并发扬中国文化”[1]。到西大后，侯先生广泛延聘具有海外留学或工作经历的专家学者，号召师生“在批判中国历史优良传统方面，必须大力肯定积极的一面”[2]，倡导大学“成立各种学术团体以促进科学文化的提高与普及”[3]，“对社会上应负起移风易俗的责任”[4]。侯先生重视学校文物研究室的科学研究，并致函成都军管会及川西文教厅请代为追查王子云先生“窃取”的一百余件珍贵文物[5]。聘请陈登原、陈直、郭绳武、马长寿等一批文化学者来校任教并注重培养青年学者，加上学校原有学者及担任校长的侯先生，为学校夯实了在探究中华文明起源、揭示中华文明发展历史、挖掘中华民族精神遗产、整理世界文明发展历程等方面的雄厚基础。

2. 世界眼光

对于新中国的教育改革发展，侯先生同样有着广阔的世界眼光，他倡导制定了学校教师学习国内外先进教育教学理论的“初步计划”，其中提出：“成立新教育研究室，陈列国内外先进教学经验、教育理论书刊，供给教师们随时研究和参考”；“教务处将领导教师学习先进教学经验，作为52年度课改中心工作之一，从各方面搜集有关材料，选择适合本校现在需要的，

---

① 侯外庐：《中国新文化的前途》，《新文化论丛》1948年第1期。

② 侯外庐：《更进一步，为建设人民西大而努力》，《新西大学习报》第10期（1951年3月16日）。

③ 《西北大学暂行规程草案》，西北大学档案1951年行政（永久）类第13号。

④ 《第三次校务会议记录》（1950年11月1日），西北大学档案1952年行政（永久）类第4号。

⑤ 《西北大学王子云窃取文物专案档案材料》，西北大学档案1953年行政（永久）类第20号。

印（或买）发给系科或教师进行重点学习研究”[①]。

新中国外交上奉行“一边倒”政策，苏联社会主义实践成为新中国各领域改革建设的主要学习榜样，这种情况同样表现在新中国的文教发展事业上。侯先生认为，苏联社会主义教育确实有值得新中国学习的先进经验。他指出，“学习苏联先进经验的态度必须十分严肃与认真，不能有半点自以为是的成分，否则，对苏联先进经验的优越性就无法体会”[②]；“特别是关于采用苏联教材、改进教学内容、教学方法与培养师资方面，各系科须本着诚心诚意地学习苏联的精神”[③]。侯先生也注意参考苏联在大学院系设置方面的做法。比如，“为配合建设重点发展，并参考苏联大学中地学院之组织，拟就原有地质、地理两系合现成立之石油地质训练班，并于1951年在可能范围内计划设置之气象等系科，成立地学院”[④]。

3. 中国道路

但侯先生反对照搬或盲目崇拜苏联经验的做法，强调应当把握苏联经验的精神实质，结合中国实际开拓出中国自己的教育发展之路。他提出：“理论与实践之能否统一，是学习苏联成败的关键”；“要力求从实际出发，来学习苏联的先进经验，在教学工作中贯彻‘实事求是’的精神”；学习苏联经验“必

---

① 《西北大学教务处、政治辅导处1952年度课改的四项中心工作初步计划》，西北大学档案1952年行政（永久）类第22号。

② 侯外庐：《西北大学1952—1953学年度第二学期教学经验交流会总结》，西北大学档案1953年行政（永久）类第1号。

③ 《西北大学1952—1953学年度第二学期工作计划要点》，西北大学档案1953年行政（定期）类第2号。

④ 《西北大学拟成立地学院文件》，西北大学档案1951年行政（定期）类第1号。

须从实际出发来考虑问题，才能真正领会苏联经验的精神与实质，才能真正学习苏联的先进经验，而不至于机械地硬搬"[①]。侯先生反对盲目崇拜或唯苏联经验是从的观点。他对 1953 年 7 月学校首次教学经验交流会及重点教学大纲制订过程中学校教师们所展现出来的独到心得与经验予以充分肯定，认为它们"揭破了过去认为'没有苏联教材和教学大纲就无从学习苏联制订合乎规格的教学大纲'的错误想法"[②]。侯先生强调，学习国外先进经验，是为了提高自己的办学水平，真正结合中国实际开拓出中国自己的教育发展之路，正如他所指出的："一方面要善于学习苏联先进经验，另一方面更重要的是正如毛主席所指示的，要'善于把这些知识应用到我们的生活与实践中去'"；"只有深深掌握先进科学，吸取间接经验，通过自己的教学实践而更总结出直接经验，才能适当地提出、分析与解决问题，才能对工作进行具体指导"[③]。

新中国成立后，如何办好共和国的高等教育，是摆在党和国家面前的重大挑战。

20 世纪中叶，侯先生对文教事业"是百年树人的国家大计"的深远意义有着清醒自觉的认识，并对新中国的文教事业

---

① 侯外庐：《西北大学 1952—1953 学年度第二学期教学经验交流会总结》，西北大学档案 1953 年行政（永久）类第 1 号。

② 侯外庐：《西北大学 1952—1953 学年度第二学期教学经验交流会总结》，西北大学：《我们对制订教学大纲的认识过程》，西北大学档案 1953 年行政（永久）类第 1 号。

③ 侯外庐：《西北大学 1952—1953 学年度第二学期教学经验交流会开幕词》，西北大学：《我们对制订教学大纲的认识过程》，西北大学档案 1953 年行政（永久）类第 1 号。

发展充满信心，认为经过近代百年来的“一系列艰难困苦的磨练”，“到今日中国人民不再是初期‘筚路蓝缕以启山林’似的披荆斩棘了，也不再是‘喃喃学舌’似的模仿西欧的语言了，已经知道依赖大众的力量，怎样设计并修建新中国的康乐庭园，怎样批判并变革新世界的光明历史了”①。祖国大西北地处西部边陲，高等教育虽起步不晚，但基础不牢②。新中国成立初期，还流行着“西北高等教育是没有多少希望、前途不大”③ 的看法。作为西北最高学府，西北大学的改革发展在西北乃至全国具有重要战略意义。为加强西北高等教育，侯先生受中央人民

---

① 侯外庐：《中国新文化的前途》，《新文化论丛》1948 年第 1 期。

② 西北高等教育发端于 1902 年创建的陕西大学堂。1912 年，西北创设第一所大学西北大学，1923 年升格为国立西北大学，是为抗战全面爆发前西北地区唯一一所国立综合性大学。但 20 世纪二三十年代之际，西北大学相继被改为西安中山大学、西安高级中学。至此，整个西北无一国立、省立大学，仅剩甘肃学院、新疆学院、西北农林专科学校等，高等教育几近出现历史空白。七七事变后，国民政府将国立北平大学、北平师范大学、北洋工学院、北平研究院等内迁陕西组建西北联大。1939 年 8 月，教育部将西北联大改为国立西北大学，并先后分设出西北工学院、西北农学院、西北师范学院、西北医学院等院校，初步奠西北高等教育格局，但与全国特别是中东部相比，西北高等教育依然薄弱。新中国成立之初，“全国高等学校的分布是极不均衡的”，当时全国（除台湾地区外）有大学 65 所，专门学院 92 所，而西北地区的大学仅有西北大学、兰州大学，专门学院仅有西北工学院、西北农学院、西北师范学院、西北医学院、新疆民族学院等，且学校条件设施十分有限。马叙伦：《第一次全国高等教育会议开幕词》，《人民教育》1950 年第 3 期。

③ 《西北（军政委员会）教育部直属各院校第二次总务工作会议报告》，西北大学档案行政（永久）类 1951 年第 1 号。

政府任命，担任西北大学校长达8年之久①，对西北大学进行了大刀阔斧的改革建设，其中许多理念和举措走在了全国前列。在较短时间内夯实西北大学基础，推动西北大学健康快速发展，奠定西北大学长远发展之基，培养出一大批卓有成就的人才，赢得中央人民政府（高等）教育部、西北军政委员会教育部（西北行政委员会教育局）和社会各界的诸多赞誉，他至今仍受到西北大学师生和社会各界敬仰。他在担任西北大学校长期间所提出的教育思想及其探索实践，值得我们进一步思考和总结。

注释

[1] 张岂之先生曾发表《学习侯外庐先生的教育思想》，从四个方面对侯外庐先生的教育思想做了初步概括和总结：一是“侯外庐先生十分重视校风和学风的建设，他认为这一点是建设新中国高等教育的基础和核心”；二是“侯老认为，高等学校是国家培养高层次人才的场所，教师应当是学校的主体，是整个教学过程的中枢”；三是“侯外庐先生曾多次阐述中国现代教育理论和教育思想应当和中国传统文化的优点相结合”；四是“侯老认为，要办好一所大学，需要两个结合：一个是教学和科研相结合，在一个是教学和学习相结合”。（收录于《纪念侯外庐文集》，陕西人民教育出版社，1991 年版，第 14 - 17 页）在《远见卓识的引路者——略论侯外庐先生对中国思想史、哲学史研究的卓越贡献》中，张岂之先生还提到侯外庐先生“非常重视人才培养和梯队的建设”方面的教育思想与方法。（《哲学研究》1987 年第 11 期）此外，尚有关

① 侯外庐先生于 1950 年 3 月至 1958 年 7 月担任西北大学校长，1950 年 7 月到校履职，1954 年 9 月后根据组织安排将工作重心移至中国科学院（现中国社会科学院）。当时，中国的大学实行校长负责制。

于侯外庐先生任西北大学校长期间的具体实践活动的若干回忆和综述文章，如陈恒吉:《马克思主义教育家——侯外庐教授》（收录于李钟善:《大学校长的教育思想和实践》，陕西师范大学出版社，1989 年版，第 37 – 48 页），张洲:《侯外庐在西北大学》（《文博》1996 年第 4 期），张洲:《回忆侯外庐校长》（《西北大学学报》（哲学社会科学版）1997 年第 1 期），阎愈新:《侯外庐出长西北大学》（《百年潮》2004 年第 2 期）等。但侯外庐先生的教育理论和思想到底是什么，包括哪些内容，具有什么特点，他是如何实践自己的教育思想的，在推动中国教育事业发展方面有哪些贡献，对当代教育改革发展有何启示，等等，正如张岂之先生所言，还“需继续发掘和整理”（《学习侯外庐先生的教育思想》，见《纪念侯外庐文集》，陕西人民教育出版社，1991 年版，第 14 – 17 页）。

从社会史与思想史的角度看殷周之际的变迁

夏绍熙
（西北大学中国思想文化研究所）

思想史研究有宽广的视野，它综合了哲学思想、逻辑思想和社会思想，纵论经济与社会、上层建筑和意识形态的诸多方面，内容错综复杂。它试图解释人类思想形成和变化的所以然，不是思想史料的剪辑或某种简易的还原，而是具有思想性的历史与具有历史性的思想的交流互动，并要求在这种互动中不断深化，由此描绘人类思想意识起伏跌宕的壮美画卷。

意大利历史学家克罗齐研究强调历史的精神性和当代性，同时也注重思想和历史的相互关系。他主张为了将来，在现在对过去进行反思，“我们是过去的产物，并沉浸在过去中生活，周围一切压迫我们。若我们未从过去中走出，若未将自己置于过去之上，我们如何走向新生活，如何创造我们的新行动？若我们置于过去之中我们自己就是过去，如何将自己置于过去之上呢？只有一条出路，思想既未切断同过去的联系又在它之上，从而在理论上提高它并将它转化为知识。需要面对面地审视过去，将它转化为思想问题并在真理命题中加以解答，这一真理命题是我们新行动和新生活的理想前提”①。这种思路告诉我们，思想史研究只有历史性和思想性并重，才能从理论上对过去进行反思并有所创获。

简单地说，从历史性方面来看，我们反思历史首先需要获得可靠的史料。紧接着是对相关史料提出问题并进行解释，“历史学是通过对证据的解释而进行的”②，没有经过解释的史料只是一堆孤立零散的杂物，再进一步就是对提问和解释活动本身进行反思，减少独断，向不同的观点保持开放。在这个意义上，对人类实践进行深入反思和追问是历史学前进的动力。从思想性方面来看，人类思想进步的必要前提是对相关的思想体系进行评价，而要对一种思想体系做出恰当的评价，就必须“着眼于它本身的目的和历史背景，着眼于同它直接的前身和后继的体系的比较，着眼于它的前因后果以及由它所引起的发展”③。历史和思想这两个领域互相交错，产生了许多需要我们加以澄清或解决的问题，比如：“社会历史的演进与社会思想的发展，关系何在？人类的新旧范畴与思想的具体变革，结合何存？人类思想自身的过程与一时代学说的各别形成，环炼何系？学派同化与学派批判相反相成，其间吸收排斥，脉络何分？学说理想与思想术语，表面恒常掩蔽着内容，其间主观客观，背向何定？方法论犹剪尺，世界观犹灯塔，现实的裁成与远景

① 克罗齐：《作为思想和行动的历史》，田时纲译，中国社会科学出版社，2005年版，第25－26页。

② 柯林武德：《历史的观念》，何兆武译，商务印书馆，1997年版，第37页。

③ 梯利：《西方哲学史》，葛力译，商务印书馆，2000年版，第13页。

的仰慕恒常相为矛盾，其间何者从属而何者主导，何以为断？”①

从根本上说，要解决上述问题需要具有探索人类实践和思维的整体性眼光，侯外庐的中国思想史研究就以坚持这种整体性眼光为重要特征：“社会存在决定社会意识，社会意识反作用于社会存在，也就是在生产力和生产关系、经济基础与上层建筑之间的辨证运动规律的指导下，研究中国古代思想是在怎样的社会存在中产生、演变和发展，有怎样的历史作用，对今天又有什么启示。侯外庐将历史唯物论的指导称为：社会史与思想史相结合的研究；这贯穿侯外庐《中国思想通史》全书。”② 本文即尝试以殷周之际的变迁为例探讨社会史与思想史相结合的研究方法带给我们的启示。

一、从生产方式看商代社会的特点

对中国古代社会及其思想进行深入研究的代表性著作是郭沫若于1930年出版的《中国古代社会研究》和写于1935年的论文《先秦天道观之进展》，他的研究从人类社会发展的普遍规律出发，运用唯物史观分析和批判中国古代社会。侯外庐的中国思想史研究受到郭沫若的影响，但他从研究社会的一般构成即社会经济形态出发，着力探索中国古代社会和思想的特点，“在一般的历史规律上，我们既要遵循着社会发展的普遍性，

---

① 侯外庐：《中国古代思想学说史·自序》，辽宁教育出版社，1998年版。

② 张岂之：《历史唯物论与中国思想史研究》，《历史研究》，2007年第1期。

但在特殊的历史规律上，我们又要判别具体的社会发展的具体途径”①。侯外庐对社会与思想的关系进行了具体的、动态的和过程的系统研究，提出了很多问题，其中最为重要的两个就是：中国古代文明起源的具体路径问题和中国古代社会意识问题。

侯外庐认为，中国古代社会（即奴隶制社会）走的是“亚细亚的古代”的改良路径，和“古典的古代”的革命路径是同一个历史发展阶段的两种不同路径。② 亚细亚生产方式表现为，在从氏族社会走向文明社会的过程中保留了旧有氏族组织的残余，氏族血缘对生产关系、政权组织和社会意识发生着重要的影响，由此造成中国古代社会的一系列基本特点。侯外庐对中国古代社会和思想的研究正是循着氏族贵族统治的形成、发展和衰落这一线索进行的。

在中国早期的历史上，夏商周三代有着密切的联系。从文明进程的角度来看，夏商周之间既是横向的平行并列关系，又是纵向的继承关系。横向的平行并列关系是指，在国家的形成过程中，夏商周是作为三个不同的政治集团出现的，“在夏商周三代中夏商周三个国都是同时存在，只是其间的势力消长各代不同便是了”③。纵向的承继关系是指，夏商周三代在社会组织以及文化发展上具有连续性，在考古发现方面，三代的城郭都有共同的特征，可以断定：“三代在政治继承制度即王制上，和在国家的政治构筑形态上来看，是属于同一发展阶段的，即

---

① 侯外庐：《中国古代社会史论》，河北教育出版社，2000 年版，第 6 页。

② 侯外庐、赵纪彬、杜国庠：《中国思想通史（第一卷）》，人民出版社，1957 年版，第 11－12 页。

③ 张光直：《中国青铜时代》，生活·读书·新知三联书店，1983 年版，第 46－47 页。

是介于部落（史前时代）与帝国（秦汉）之间的王国阶段”[1]。这种承继关系就是孔子所说的：“殷因于夏礼，所损益，可知也；周因于殷礼，所损益，可知也。”（《论语·为政》）夏商周三代的社会不是孤立地直线发展的，而是在复杂的政治权力斗争和文化碰撞下从同时期的列国之中脱颖而出的，具有政治影响力和文化凝聚力的中心。随着社会复杂程度的增加，这些中心必须面对来自内部和外部的各种挑战，在继承传统和开拓创新之间形成巨大的张力，它们的存亡取决于能否在各种力量之间维持一种高难度的平衡。

西周承继殷商而来，对殷商原有的各项制度自有一番“损益”。侯外庐从生产方式入手对殷商社会做过概述。

“所谓生产方式，在马克思《资本论》全书一百多条论述之中，是指‘特殊的生产资料与特殊的劳动力二者之间的结合关系’。”[2] 简单地说，生产方式就是生产条件的所有者和直接生产者之间的关系，它们的结合方式把全社会的构成显示出来。古代中国采取的是亚细亚生产方式，走的是改良维新的路径，“土地氏族国有的生产资料和家族奴隶的劳动二者间的结合关系，这个关系支配着东方古代的社会构成，它和‘古典的古代’是同一个历史阶段的两种不同路径”[3]。具体到殷商社会，当时的直接劳动者是“族众”或“众人”，奴隶劳动所占的比例不大。农业生产还处在庭园耕植的阶段，采用大群劳动力集

① 张光直：《中国青铜时代》，生活·读书·新知三联书店，1983年版，第34页。

② 侯外庐：《中国古代社会史论》，河北教育出版社，2000年版，第11页。

③ 侯外庐：《中国古代社会史论》，河北教育出版社，2000年版，第27页。

体协作的耕作方式，生产技术效率低下，尚未达到精耕细作的水平，同时畜牧业占有重要的地位。城市和农村的分裂已经出现而且处于日趋复杂的发展之中。侯外庐由此断定，“支配殷代的生产方式，是氏族公社所有的畜牧和农业生产资料与氏族成员主要的共同劳动力二者间之结合”①。

社会作为一个庞大的整体，整合政治、经济、思想观念的诸多方面形成相互作用的网络，从考古学来看：“商的文化是一个多方面的综合体，融汇了很多不同文化源流。殷文化之基础深植于甚早的史前时期；稻米文化的发展及附着于此一文化之整体，说明了殷商帝国之经济基础是典型东亚的，并且是在原地发展起来的。”② 在古代中国社会这样的综合系统中，氏族贵族掌握的城邑起着凝聚核心的作用。殷商时代，城邑处在不断的成长之中，考古学家自1928年发掘安阳殷墟以来，已陆续发现先商、早商及晚商遗址多处，并对商代政治权力中心的所在有了一定的认识，“郑州商城为商代早期亳都，偃师商城为商代早期西亳，（郑州）小双桥遗址可能为仲丁隞都，洹北商城可能为河亶甲相都，邢台曹演庄、东先贤可能为祖乙刑都，安阳小屯为盘庚所迁及纣灭之殷都”③。城邑的生存发展必须依靠相当的经济基础，其中最主要者包括土地、农作物、畜牧产品、劳动力、青铜器等。商代青铜制造技艺已经达到很高的水平，但是，青铜没有被普遍用于劳动生产的过程中，“由发掘

① 侯外庐：《中国古代社会史论》，河北教育出版社，2000年版，第55页。

② 李济：《中国学术经典·李济卷·中国文明的开始》，河北教育出版社，1996年版，第405页。

③ 李伯谦：《中国古代文明起源与形成研究的回顾与展望》，《郑州大学学报》，2003年第5期，第6页。

或由其它方式出土的殷代铜器中，有大量的兵器、祭器，有不少也不太多的工具，而几乎没有农具”①。青铜这种重要的资源主要被用来制造兵器、礼器，以捍卫其统治，显示氏族贵族的威灵，这种现象就是所谓“国之大事，在祀与戎”（《左传》成公13年）。既然先进的技术被统治者垄断而不能用于生产过程以提高生产效率，那么，社会财富的积累就只能靠增加劳动量来完成。从殷墟卜辞来看，殷代农业及军事的直接劳动者为众及众人。奴隶主要来源是战俘，数量很多，但主要用来供贵族祭祀殉葬。② 青铜制造等先进技术被权力垄断而不能用于生产领域，以社会财富的积累为目标的生产劳动与军事活动完全依靠众人，对众人的统治就成为政治权力的重要方面，政治和财富紧密结合在一起，“在古代中国，财富的攫取需主要凭借政治权力；而财富又是获得和保持这种权力的条件”③。

古代城邑所积累的财富是与政治权力结合在一起的，因此城邑的建造是政治行为的表现，在考古材料中，一系列相互联系的实物形态反映出政治权力运行所起的聚敛作用，例如，在商代二里冈期与殷墟期的考古材料中，至少可以看到以下几项：“（1）夯土城墙、战车、兵器；（2）宫殿、宗庙与陵寝；（3）祭祀法器（包括青铜器）与祭祀遗迹；（4）手工业作坊；（5）聚落布局在定向与规划上的规则性。”④

---

① 陈梦家：《殷墟卜辞综述》，中华书局，1988年版，第542页。

② 胡厚宣：《甲骨学商史论丛初集》，河北教育出版社，2002年版，第144、145、151页。

③ 张光直：《美术、神话与祭祀》，辽宁教育出版社，2002年版，第97页。

④ 张光直：《中国青铜时代（二集）》，生活·读书·新知三联书店，1990年版，第5页。

我们可据此推论，城邑的统治者具有很高的政治权威，权力的运用在整个社会生活中占据核心地位，而且这种权威通过一整套完备的宗法制度以及与此相应的观念系统获得合法性。城邑积聚的大量财富经常有被掠夺的危险，国与国之间的战争剧烈而频繁。

总起来说，氏族是商代社会的基础，统治阶级与普通民众都生活在氏族之内，氏族由上到下有等级的区别。城邑掌握在氏族贵族手中，政权组织和血缘关系混合在一起。

二、殷周之际的社会变迁

如上所述，夏商周不仅是三个连续朝代，而且也是三个政治集团，在国家的形成过程中，它们之间的势力各有消长。商王武丁之时，周人与商人的战争和交流开始频繁起来。武丁之后，周人臣服于商。实际上，商与周的关系长期处于臣属和对抗的交织之中。二者关系密切，从考古学的角度看："殷周文化各渊源于不同区域的龙山文化，而且在形成过程中互有影响，因此两个文化是属于同一个文化传统——中原文化——的，但殷文化形成较早，影响力较强，同时周文化也有他的地方性、区域性特色。"①

在一个长时段内，殷商社会的内外处境发生着复杂微妙的变化，并且在此过程中与周人发生关系，这些变化在商周之际明显地表现出来。

王国维认为，殷周之际发生着新旧制度与文化的深刻变革，

---

① 张光直：《中国青铜时代》，生活·读书·新知三联书店，1983年版，第105页。

他从三个方面来说明周人制度大异于商："一曰立子立嫡之制，由是而生宗法及丧服之制，并由是而有封建子弟之制、君天子臣诸侯之制；二曰庙数之制；三曰同姓不婚之制。此数者，皆周之所以纲纪天下。"①

在《中国古代社会研究》中，郭沫若运用王国维关于殷周之际发生剧烈变革的论点，论证中国古代社会的发展，指出殷代社会处于原始公社的末期。但在1945年出版的《十批判书》中，郭沫若认为王国维《殷周制度论》是基于"周公制作之本意"的旧观念立论的，而周公制礼作乐的说法多半为东周儒者的托古改制，因此，"以这样从基本上便错误了的论文，而我们根据它，至少我们可以说把历史中饱了五百年"②。郭沫若所做的批判是有道理的，王国维在《殷周制度论》中片面强调了殷周之际急剧变革的一面，却忽视了周对商有所继承的一面。李济将王国维殷周之际社会变革的论点归纳为两点："其一是长子继位制的确立和兄终弟及制的废除，这消除了家族纠纷的根源之一……其二是婴儿随母亲的身份不同，即为第一个妻子所生还是妾所生，社会地位也不同。这种社会分层导致家庭结构进一步变化。"③ 李济根据对安阳殷墟的发掘与研究提醒人们详细考察商朝的世系，重视商王室的某些显著特征，商末最后四王的继承关系特别值得注意，当时生母的身份已经成为王位继承的先决条件。如果情况真如李济所提示的，那么没有继承

---

① 王国维：《观堂集林（外二种）》，河北教育出版社，2003年版，第232页。

② 郭沫若：《中国古代社会研究（外二种）》，河北教育出版社，2004年版，第482页。

③ 李济：《安阳》，世纪出版集团、上海人民出版社，2007年版，第186页。

王位的王子的政治地位又是怎样的，商代是否有类似封建制的制度。胡厚宣通过对殷墟卜辞的详细研究写出《殷代封建制度考》和《殷代婚姻家族宗法生育制度考》两篇论文，回答了李济所提的问题，反驳王国维的殷周革命之说，认为西周的制度并非与殷商截然不同，而是从商代渐渐演化而来。他指出了殷代婚姻家族宗法的演进过程："殷代由一夫一妻，进而为一夫多妻，其目的在生子有后，广嗣重祖，与祭祀方法之由简而繁，由疏而密之事，正成对比，则殷代必已进至家族演成之盛期，其事至明。即其社会之组织，实以家族为单位，家族者乃一经济祭祀之团体，其全权操之父家长，子孙欲其众多，祭事欲其永继。国家之权，则操之王之一族。又以妻子既多，乃有传子之制，由是而渐有嫡庶之分，渐生宗法之制。又因妻子众多，又遂有封建之制。凡此种种，皆即周代以来宗法家族制度之前身。周之制度，非大异于商代，乃由商代逐渐演化而成也。"①

胡厚宣认为，殷代自武丁以降，确已有封建之制。他同时指出："《殷周制度论》前在学术界所公认以为不刊之论者也，然由今日观之，已十九皆当更正。"② 由此看来，殷周之际革命说有片面之处，没有注意到殷周之间存在很强的连续性。

殷周文化之间有很强的连续性，这种连续性的一个显著的特点就是血亲制度的顽固，以血缘为纽带的氏族贵族左右着政治权力。随着时间的推移和人口的繁衍，各个氏族之间发生复杂的联姻关系，氏族内部成员也因与祖宗血缘的远近亲疏而有

① 胡厚宣：《甲骨学商史论丛初集》，河北教育出版社，2002 年版，第 104 页。

② 胡厚宣：《甲骨学商史论丛初集》，河北教育出版社，2002 年版，第 133 页。

辈分层级之别。整个社会形成一张复杂的血缘谱系网络，政治组织是建立在这样的网络之中的。这样的政权必须面对和处理的问题有：（1）国家内部统治者与被统治者之间的关系；（2）同姓诸国公室之间的政治关系；（3）异姓诸国公室之间的政治关系。[①] 总之，如何协调血缘组织和政治权力之间的复杂关系是商周社会最具挑战性的问题。

侯外庐说："殷、周之际，殷人也可能产生社会变革，不独周人而已。"[②] 殷周统治者在各自的环境和具体条件下采取不同的措施应对血缘与政治权力带来的挑战，这决定着殷周国家的存亡。殷周实力相比，商人远胜于周。周人初起时，只据有泾渭流域的狭窄谷地。而商王国则占有中原，从商代遗址来看，东到海，北到河北藁城，南到湖北盘龙城，地广而人多。由文献与考古资料来看，周人的国势不能与商抗衡，周人的生产能力至多与商人处于同一水平，没有突破性的发展。从军事力量的对比来看，周人的兵种与武器和商人的差别并不显著，而且周人的兵力没有商人多。[③] 周人能以弱胜强，主要因为在以下几个方面取得进展，走到了殷商社会变革的前面。第一，周文化比商发达较晚，国家组织处在不断完善之中，能够取长补短。第二，周人在战略上对商步步紧逼，逐渐对商形成包围之势。第三，商代社会已有一套较为固定的国家体制，但面对氏族血缘关系日趋复杂所带来的种种难题，没有协调好氏族之间的关

① 张光直：《中国青铜时代》，生活·读书·新知三联书店，1983年版，第299－302页。

② 侯外庐、赵纪彬、杜国庠：《中国思想通史（第一卷）》，人民出版社，1957年版，第16页。

③ 许倬云：《西周史》，生活·读书·新知三联书店，2001年版，第77－88页 。

系，造成改革派与守旧派之间的冲突。同时商人过于依赖对外的征伐和繁冗的宗教礼仪维系其统治。

第一，周文化较殷商为后起，能够团结本族，收服周围氏族为己所用，完善国家机构，建立城邑，发展生产。殷王武丁之时已有封建之制，殷商社会内部正发生着变革，但殷商社会被血缘氏族关系束缚着，变革十分艰难。周人从古公亶父（大王）开始，势力逐渐强大起来，“古公亶父复修后稷、公刘之业，积德行义，国人皆戴之……及他旁国闻古公仁，亦多归之。于是古公乃贬戎狄之俗，而营筑城郭室屋，而邑别居之。作五官有司。民皆歌乐之，颂其德”（《史记·周本纪》）。周人在这时进入了殷商的势力圈，在战略上一点点逼近殷商，这就是《诗·鲁颂·閟宫》所描述的：“后稷之孙，实维大王。居岐之阳，实始翦商。”大王之后，周人的领袖王季（季历）、文王与殷商互有征伐，同时又通过联姻维持着君臣关系。两个政治集团之间的较量已经展开。

第二，周人在战略上胜过殷商，经过几代人的经营，周人收服其附近诸邦国，并从东北、东面、东南三面对殷商形成包围之势：“先是对岐周附近诸帮之清除，继对东北东南之经营，所谓‘经之营之’，不仅在台沼之建设也。在晋南一带早已遍布诸姬，而虞仲之奔虞，更为宗周东下之东道主，崤函北道，固以为宗周所掌握。东南地区，所谓汉阳诸姬，武王东征时已有移殖，而武王伐纣时之与国，如庸蜀羌髳微卢彭濮人多处于今陕西、湖北间，汉水流域者，逼近‘诸姬’地区，乃宗周之与国或附庸。”①

① 杨向奎：《宗周社会与礼乐文明》，人民出版社，1997 年版，第 113 页。

第三，相对于周人的经营和野心，商人采取的一系列行动并未收到应有的效果。商代的氏族经过几百年的发展，由一个母族演化出众多分支宗族的情况更为普遍，氏族内部及氏族之间的关系非常复杂。这种情况又和政治权利的分配纠缠在一起，束缚住了殷人的手脚。末代的几个商王特别是帝辛（纣）可能着手对血缘和政权纠结的局面进行改革，但成效都不大，反而弄得“离心离德”，激起一帮“旧人”的反对。武王就数落纣王说：“昏弃厥遗王母弟，不迪；乃惟四方之多罪逋逃，是崇是长，是信是使，是以为大夫卿士，俾暴虐于百姓，以奸宄于商邑。”（《尚书·周书·牧誓》）同时，商人在纣王时专注于对东夷的战争，消耗国力，这也是商人失败的重要原因，“纣克东夷，而陨其身”（《左传》昭公11年）。另外，商人繁冗的宗教礼仪也束缚着统治者的观念。殷人的宗教信仰以祖先崇拜和自然崇拜为主，“殷代社会保存着氏族整体的制度，在观念世界亦当然呈现出氏族整体的全能一元神。地下的一对天上的一，这是分工缺乏的意识的反映。先祖不是一般的上帝，而是先祖=上帝的宗教形态”[①]。祭祀祖先的程序和仪式非常繁复，在帝乙、帝辛时，对祖先个人和集体的祭祀大约要一个历法年才能完成一轮。在殷商后期，祭祀的主要仪式增加了，民众和王室还有其他方面的信仰。祭祀时有隆重的音乐和歌舞，精美的祭器盛着各种肉食和谷物，同时要奉献各种牺牲。所有的仪式都用酒。[②] 这种信仰赋予商王极大的政治权威和精神支持，同时

---

① 侯外庐、赵纪彬、杜国庠：《中国思想通史（第一卷）》，人民出版社，1957年版，第68页。

② 李济：《安阳》，世纪出版集团·上海人民出版社，2007年版，第194-199页。

也抑制着商人奋进改革的热情。纣王在周人直叩天邑商的大门的时候，还对惊恐的祖伊说："我生不有命在天。"（《尚书·西伯戡黎》）但这已是商人覆灭前最后的傲慢了。

三、殷周之际思想观念的变迁

武王克商后，周人虽然取得军事上的胜利，但并没有完全征服殷人，殷人还保有很强的实力。周人灭商之后必须整合各种力量以达到社会的平衡发展，因此周人面临更为严峻的挑战：如何确立对殷人曾经占据的核心地区及其边缘地区的统治，如何面对比自身先进的殷文化。殷周社会的连续性在此时表现得更为明显，周人更多地借鉴殷人已有的制度并加以改造，其中向殷人所学的最根本的就是古旧的氏族宗教制度。这主要体现在两个方面：一方面，以天命观念作为建国思想；另一方面，周人通过分封和礼制将氏族贵族的国家形态进一步完善、强化和系统化，由此形成政治、道德、宗教三位一体的社会。

第一，天命观是周人的建国思想，是周人宗教的核心。

原始宗教把人与世界的关系放在一个神秘莫测的整体中来处理。人们通过联想或想象确信自身不是孤独地生活在世界上，而是生活在一个有生命的整体之中，是这个整体的一部分。人们通过这个神秘的有生命的整体实现人与人之间，人与世界万物之间的交流和沟通。殷周宗教的基础就是这样一个整体观念。周人的宗教在上帝的观念及其祖先崇拜等方面是与殷商一脉相承的，因为殷周都是以氏族统治为基础的，非常重视"把上帝的至尊地位与上帝和统治氏族的祖先的密切关系加以维持”①。这是殷周宗教最大的相同点。张光直对商周文化演化的研究表明，商代的宗教观念主要是：上帝之观念；上帝与子姓祖先之不可分；祖之世界略等于神之世界。而西周早期的宗教观念主要是：神之世界与祖之世界开始分立；神居于天；王统治人世，受天命，有德。②

殷商的宗教是与氏族整体的社会相适应的。殷商的宗教有祖先崇拜也有自然崇拜，“帝”为宇宙万物的主宰，在武丁时的卜辞中，以帝礼祭祀传说中的先公。卜辞又有“下乙宾帝”“咸宾帝”，宾即配，这说明有作为的先祖也可以配天，能降福降灾。至廪辛、康丁时，先祖又称帝臣。后随着王权的扩张，人王也可称帝，如帝乙、帝辛。③ 先祖与帝没有分开，而且商王很有可能就是群巫之长，本身带有超自然的色彩。除祖先、上帝之外，还有自然神崇拜（山、岳、风、水、雷、雨、星辰等）。商人有一个庞大的神祇系统，其中处于重要地位的祖先神的数量随着时间的推移不断增多，形成一个以祖先神为主的平面扩展的神祇系统。这些神祇、祖先与人都生活在同一个世界里，日常生活中的人们可以通过卜问与之建立联系，“这种关系的性质可以说是一种‘相互给予’（I give so that you give）式的：人与这些力量的往来主要建立在人的献祭和神明的赐福这样的交换基础之上。从甲骨文献看来，这关系并不涉及情感

① 张光直：《中国青铜时代》，生活·读书·新知三联书店，1983年版，第306页。

② 张光直：《中国青铜时代》，生活·读书·新知三联书店，1983年版，第312页。

③ 胡厚宣：《甲骨学商史论丛初集》，河北教育出版社，2002年版，第239页。

或道德的因素”[①]。商人逐渐倾向于将这种“相互给予”的简单关系固定化和永久化，到殷末时，宗教祭祀严格地遵循日程表和其他一些细节进行，祭祀的仪式也在增加。这种宗教在严格的程式化的仪式束缚下显得压抑、繁冗。

西周的宗教是对商代宗教的重新估价和组织。周人仍然像殷人那样相信天、帝、天命等观念，相信人生活在神秘莫测的整体之中。但是周人将这个整体分为神的世界与人王治理的人的世界，并通过天命靡常，惟德是依的天命观来解释周人克商的合理性，所以“周人维新思想是合而分之的……但同时又是分而合之的，先王克配上帝”[②]。在分与合之间出现了一个动态的因素——“德”，天命不是恒常不变的，有德者就有天命有王权，这就改变了殷商宗教神人之间“相互给予”的简单关系，开始重视人的努力和人的行为。这种宗教有以下几个特点：（1）人生活在一个神秘而有序的整体中，这个整体明确地分为上下两层，上层是神的世界（其中上帝神是一般神、祖先神是特别神），下层是人王治理的世界；（2）上帝是超氏族神，有目的有选择地降灾赐福，“惟上帝不常，作善降之百祥，作不善降之百殃”（《尚书·伊训》）；（3）两个世界之间通过天命靡常，惟德是依的原则沟通，有德者就有天命有王权；（4）人不是完全处在被动的地位，而是可以通过有德的行为来改变命运。

周人将天命靡常，惟德是依的天命观作为建国的核心思想，

---

① 蒲慕洲：《追寻一己之福——中国古代的信仰世界》，上海古籍出版社，2007年版，第34页。

② 侯外庐、赵纪彬、杜国庠：《中国思想通史（第一卷）》，人民出版社，1957年版，第87页。

“以此说说殷遗，将以使其忘其兴复之思想，而为周王之荩臣也；以此说说周人，将以使其深知受命保命之不易，勿荒逸从殷之覆辙也；以此说训后世，将以使其知先人创业之艰难，后王守成之不易，应善其人事，不可徒依天恃天以为生也”①。由此看来，天命观的出现是周人进行宗教变革的结果，主要是为周克商提供政治上的合法解释。傅斯年认为天命靡常观可以视作人道主义的黎明，但应该注意，这只不过仅仅是“黎明”而已，“祈天永命”“惟德之用”之类更多的是实际政治的行为，周人倚仗“有德”“受命”的说法解释政治至上权威的合理来源，这中间没有多少关怀人、尊重人、保护个人权利的因素。郭沫若清楚地认识到这一点，他在《先秦天道观之进展》中说：“这一套思想，以天的存在为可疑，然而在客观方面要利用它来做统治的工具，而在主观方面却强调着人力，以天道为愚民的政策、以德政为操持这政策的机柄，这的确是周人发明出来的新的思想。”②

天命思想将神的世界和祖的世界分离开来，没有任何一个氏族能把上帝据为己有，只要有德，就配受天命而有王权。人世间的争雄利用这种观念，使得敌对的每一方都可能以合理化和正统化的面貌打着受天之命的旗号出现，天命由此变成树立政治权威的工具。

第二，周人通过分封和礼制将氏族贵族的国家形态进一步完善、强化和系统化，由此形成政治、道德、宗教三位一体的

---

① 傅斯年：《中国现代学术经典·傅斯年卷·性命古训辨证》，河北教育出版社，1996年版，第82页。

② 郭沫若：《中国古代社会研究（外二种）》，河北教育出版社，2004年版，第260页。

社会。

周人克商之后，面临严峻的局势，“内部是武王死后，成王幼小，周公摄政，管蔡流言，召公亦不满。外部是殷虽亡国，势力未灭，武庚伺机，商奄淮夷，蠢蠢欲动。而且周与殷比，是以小对大，以落后对先进，基础是不稳固的。”[①] 面对这种局势，周公重伐殷人、成王征奄平定叛乱，维持政权稳定，同时，周人开始了一系列的建国工作，因袭殷人的文化，采取维新的措施，在旧形式里灌注新内容，保存以血缘维系的氏族组织，在此基础上进行大规模的营国封国。

周人克商经过几代人的努力，从灭崇到灭殷践奄，征服了许多氏族，在这过程中，周人族长的个人权力和地位有了很大提高，社会职能也因而扩大了。同时周人已经懂得大规模地使用奴隶劳动力，这都为营国封国创造了条件。成康之世，周人在中原进行了大规模的分封，“昔武王克殷，成王靖四方，康王息民，并建母弟以番屏周”（《左传》昭公26年）。周王把他的亲属和大臣分封到各地去建立自己的城邑，“受民受疆土”，奴隶的所有与土地的所有是分封的主要内容。分封后的封国，其属民由三部分组成：“一是担任官司的人，一是分配的殷民旧族，一是附着在封地上的原居民。”[②] 这种制度具有戍守和管理的功能，统治者能够支配的人数更多，其来源也更复杂，这是商代以族众为主构成的社会所不能比拟的。新封国移来的族群与当地居民融合，地缘性的政治单位也在成长之中。综合来

① 杨向奎：《宗周社会与礼乐文明》，人民出版社，1997年版，第388页。

② 许倬云：《西周史》，生活·读书·新知三联书店，2001年版，第152页。

看，“分封制度是人口的再编组，每一个封君受封的不仅是土地，更重要的是分领了不同的人群”[①]。周王和各国的封君一方面要维持氏族组织的制度，这是统治的合法性的基础；另一方面，又需要在氏族组织之上建立一个有效的统治模式，以适应对复杂人群的统治。

在这种情形下，周人的政治生活主要有三件大事构成：“所谓‘邦之大事，在祀与戎’，祀戎是古代城市国家的两件重大事业；第三件，最主要的，便是邦的本身的绥靖。”[②] 分封之后，制度建设比武力征伐显得更为重要。受封的封君除了受土受民之外，还由周王赐给一套确立或肯定其政治权威的礼仪，包括：他（封君）原来的氏族的姓；新的氏名以标志他的新政治单位；适合于他的新政治地位与他的新的城邑的政治地位的仪式性的徽章与道具。[③] 这套礼仪对维持整个封国的运作起着重要作用，它在周天子与各封国之间确立了相应的等级关系，形成一种特别的政权形式。“礼的出现和尊爵的固定化或阶级专政的法制化是相适应的。”[④] 礼把统治阶级之间权利和义务的关系确定下来，并通过一定的行为规范和尊爵彝器表现出来，包括分封、朝聘、祭礼、婚姻等各种礼节在内，渗透到日常生活的方方面面，由此形成氏族贵族共有的文化。这种文化在确

---

① 许倬云：《西周史》，生活·读书·新知三联书店，2001年版，第155页。

② 侯外庐：《中国古代社会史论》，河北教育出版社，2000年版，第161页。

③ 张光直：《中国青铜时代》，生活·读书·新知三联书店，1983年版，第113页。

④ 侯外庐、赵纪彬、杜国庠：《中国思想通史（第一卷）》，人民出版社，1957年版，第79页。

保血缘氏族组织的前提下，遵奉的是政治、道德和宗教的权威，它把政治、道德、宗教编织成一个相互关联的网络，政治上的主与从，道德上的德与孝，宗教上的天与人，日常生活中的言语举止等等都可以在礼的网络中找到相应的位置。礼强调的是血缘群体的关系，“意识的生产只有在氏族贵族的范围内发展，不会走到民间；春秋末期所谓学术下民间的历史，已经是周道衰微的证件了”[①]。如果说殷人的思想观念难以走出繁缛的宗教压抑束缚的沼泽，那么同样地，周人的思想观念也难以逃出礼的罗网。这又为春秋战国之际的社会巨变埋下了伏笔。

---

① 侯外庐、赵纪彬、杜国庠：《中国思想通史（第一卷）》，人民出版社，1957 年版，第 23 页。

侯外庐对中国封建社会土地所有权的研究

韩永志
（西安科技大学马克思主义学院）

新中国成立后，1954 年侯外庐在《历史研究》创刊号上发表了《中国封建社会土地所有制形式的问题——中国封建社会发展规律商兑之一》，他“依据马克思主义关于‘土地私有权的缺乏’可以作为了解‘全东方’世界的关键，分析中国自秦汉以来封建社会皇权垄断的土地所有制形式是封建的中央专制主义的经济基础”①。他认为：“秦汉以来这种土地所有制形式是以一条红线贯串着明清以前的全部封建史。”② 对于侯外庐这一论断应该怎样理解呢？下面我们将展开相关的论述。

一、侯外庐对封建所有权结构和特点的理论辨析

侯外庐与其他马克思主义者一样，认为历史运动是有规律

① 中国社会科学院历史研究所中国思想史研究室编：《侯外庐史学论文选集（上）》，人民出版社，1987 年版，第 10 页。

② 侯外庐：《中国封建社会史论》，人民出版社，1979 年版，第 10 页。按：侯外庐把 1954 年这篇论文收入《中国封建社会史论》时进行了修订，他把原来论文中的“全部封建史”修订为“明清以前的全部封建史。”这一修订呼应了他对明清资本主义萌芽的论点。

的。他对中国封建土地所有权的研究正是建立在封建生产方式的普遍规律基础之上的。封建经济构成（formation），即“立基于自然经济、以农村为出发点的封建所有制形式”[①]。封建生产方式的基本结构是：“私有的劳动工具相连的劳动力和地主所有的生产资料两者的结合。”[②] 他的土地国有论，“是在马克思和恩格斯所提示的，自由的土地私有的法律观念的缺乏，土地私有权的缺乏，甚至可以作为了解全东方的关键这一思想的启发下，结合中国的历史实际而得出的结论”[③]。这里我们侧重于从理论上介绍侯外庐对封建土地所有权结构和特点的分析。

1．所有权的判断与法律思维方式

为了更好地理解侯外庐对封建土地所有权结构和特点的理论说明，下面我们将对法律思维方式与所有权理论研究的关系进行简要介绍，以此消除学术界对侯外庐对所有权结构进行法权分析的误解。

学术界关于侯外庐封建土地国有制争论的焦点，就是如何判断中国封建社会中各个阶层对于所有权的关系。这就涉及中国封建土地国有制的所有权结构，即各阶级对于土地物权隶属的规定。所有制是关于经济关系的事实性描述，所有权是关于所有制在法权层面上的规范性表达。“所有制是经济范畴，所有权是法律范畴，所有制先于所有权，所有权是特定历史阶段的产物；所有制是所有权的经济基础，所有权是所有制的法律

---

① 中国社会科学院历史研究所中国思想史研究室：《侯外庐史学论文选集（上）》，人民出版社，1987年版，第203页。

② 侯外庐：《中国古代社会史论》，河北教育出版社，2000年版，第49页。

③ 侯外庐：《韧的追求》，三联书店，1985年版，第253页。

表现。一般来说，一定的所有制决定一定的所有权。”①

不过，所有权对于所有制也具有反作用，一定历史条件下所有权的规范力量会塑造经济领域中的所有制关系。这一点在权力得不到有效约束、法治薄弱的前资本主义时代表现得相当明显。因为那里的“基础乃是社会一部分人对另一部分人的强制的支配权，从而，是直接的奴隶制度，农奴制度或政治的隶属关系。”② 所以，对前资本主义时代土地所有权的研究要结合具体的政治、军事、法律关系来说明，不能只见树木不见森林，从而忽略了那些支配经济关系的现实力量。

与马克思一样，侯外庐正是从历史有机整体的视角，对中国封建土地国有制所有权结构进行研究的。这一点既体现在他关于封建土地所有权非运动性的理论说明中；也体现在他根据具体的社会支配关系，从所有权、占有权和使用权等角度对中国封建社会中皇权与品级性地主和非品级性地主、农民（农奴）各阶层法权的分析中。有些学者片面理解意识形态，没有从法理学的角度理解“法律上的法权观念”即法律规定对于权利保障的确定性及合法性意义，从而误解了马克思和侯外庐以法律思维方式对土地所有制法权的研究。

关于这方面的误解，我们举出一例典型的认识进行分析即可，这里没有贬低之意，旨在说明问题。束世澂在《论封建社会中土地国有制问题》中说：“侯先生‘认为土地所有权的法律观念是比较缺乏的。这里所谓法律观念是指着所有权在法律

---

① 黄和新：《马克思所有权思想述要》，南京师范大学博士论文，2003 年版，第 59 页。

② 马克思：《剩余价值学说史（第三卷）》，郭大力译，北京理工大学出版社，2011 年版，第 336 页。

上的思想，至于在法律之外的事实是另外一件事。’这就把一切历史事实都有可能摒弃在法律之外，而中国就基本上没有私有制了，这种研究方法是可商的。”①

侯外庐是以法律思维来考察所有权的。法律是以特定权利为基础对义务的设定。从法律对权利主体及其权利、义务的设定，可以折射出立法参与者与法律遵守者之间交往关系的属性：或者是平权型关系或者是统治支配型关系。这对考察权利主体人格是否独立完整十分必要，而这一点关乎所有权主体资格的判断。所以侯外庐从法律思维角度对所有权以及所有权结构的判断是具有学理必要性的。束世澂撇开特定历史阶段社会中具体的人权与物权关系，强调直达历史现象本质，把“占有”视为“所有”往往会忽略历史现象背后更复杂的权力、权利结构，这不利于对封建土地所有权结构进行分析。所以，在《资本论》第三卷中，马克思从法律视角对封建地租和土地所有权进行研究一点都不奇怪。我们不能一想到意识形态，就放弃对法律以及法律关系的研究。“法律虚构”与“意识形态”一样都是规范性评价用语，它们不是法律史和思想史研究的障碍。所以侯外庐说：“这种‘法律虚构’同样是历史范畴。……了解了这种‘法律虚构’我们进一步考察封建主义土地权利的品级结构。”② 可见，法律思维方式对特定历史的土地所有权特点及其结构的研究是十分必要的。它不仅是判断关于土地物权是否合法的逻辑支撑，而且也是观察社会政治权力结构和所有权

① 南开大学历史系中国古代史教研组编：《中国封建社会土地所有制形式问题讨论集（上册）》，三联书店，1962 年版，第 87 页。

② 侯外庐：《中国封建社会史论》，人民出版社，1979 年版，第 41－42 页。

结构的理论视角，更具体地说是观察特定社会人权与物权结构的理论视角。

2. 土地所有权的“运动性”与“非运动性”

所有权不是一个纯粹的逻辑范畴，而是处于具体社会关系和生产关系中的历史范畴。

运动的土地所有权，“是指土地可进入交换的不稳定的商品流通过程，因而成了自由的土地私有权”[①]。侯外庐认为运动的所有权作为动产是严格意义上的私有权或私有制，“这一历史形态乃是古典的古代和近代的形态，而不是封建所有权的形态”[②]。现代法学认为所有权具有对世权，即只隶属所有者而排斥世界上其他人的非法侵犯。运动的土地所有权属于现代法学中的一般所有权的范畴。马克思说：“商品是天生的平等派”[③]。商品经济只有在权力得到有效约束的民主、法治环境中才能健康成长顺利运行。运动的土地所有权摆脱了政治特权和军事特权等支配型权力，作为商品典型地存在于古希腊的城邦社会和近代资本主义社会。它的运动遵循的是等价交换原则，排斥特权和不等价交换。运动的土地所有权容身的社会的特点，可以概括为：财富支配权力，权力追随财富，权利制约权力。

而中世纪封建主义土地所有权则是非运动的，土地具有不

① 侯外庐：《中国封建社会史论》，人民出版社，1979 年版，第 27 页。

② 侯外庐：《中国封建社会史论》，人民出版社，1979 年版，第 25 页。

③ 马克思：《资本论（第一卷）》，人民出版社，2004 年版，第 104 页。

动产的性质，“即仅指对土地的特权占有”①。在前资本主义社会由于社会共同体中存在着各种各样的身份支配关系，致使人和物都成为所有权的对象。马克思在论述奴隶制和农奴制的土地所有权时这样说：“这种土地所有权也可以只是某些人对直接生产者人格的所有权的附属品，如奴隶制度或农奴制度。”②非运动的土地所有权就是由人身依附关系造成的，不管是经济依附、政治依附、还是血缘宗法依附，总之是由现实关系中的人格不独立与人身不自由造成的。由于依存于政治、军事以及行政特权的非运动土地所有权所具有的统治性格，它作为特权往往拒绝进入商品流通，形成安定的垄断。封建社会的统治者往往会对土地买卖或让渡进行严格的限制，以此牢固地控制被依附者来维持自己的政治、经济特权。我们可以把这种特点概括为：权力支配财富，财富追随权力，权力设定权利。这一点还可以由封建土地所有权的“品级性”显示出来。

3. 封建土地所有权的“品级性”与“所有权”“占有权”“使用权”

侯外庐认为，由于中世纪的阶级为等级，“封建生产关系既受着军事编制的影响，也和法律以及政治的特权等寻常联结在一起。这种形式上不平等的等级的法律划分，即‘由各种不同的社会地位构成的整个阶梯’……乃是按照封建主特权阶级的阶级利益制定出来的一种阶级支配方式。与这种等级制结合的

① 侯外庐：《中国封建社会史论》，人民出版社，1979年版，第28页。

② 马克思：《资本论（第三卷）》，人民出版社，2004年版，第714页。

便是封建主土地权力的品级结构”[①]。封建社会各等级的权利在法权层面表现为形式和内容皆不平等的特权和例外权，从而“把居民分别成若干‘品类’”[②]。“例外权表现的最明显的是所谓的宗法的长子继承制、封建国家的职官制，以至最高的君权或国家主权……或作为皇帝的私有权的所谓主权。”[③] 什么是主权？日本学者五来欣造提供了一个简洁的主权理论，此理论认为：“国家主要由三项要素组成：土地、人民、主权，所谓的国家主权指的是统治此土地和人民的权力。”[④] 主权也就是社会共同体中最高的统治权力。

在封建品级权力模式下，如果封建社会的主权中心是一元的，那么君主就会不仅垄断了政治、军事、法律、权力，他还垄断了对土地和人民的统治权，其他等级都依附于君主的权力。从社会关系来看，君主与所有臣民之间的关系是统治支配关系，臣民没有人身的自由权和不受非法侵犯的权利。君主一旦取得了对臣民的人格支配权或人身支配权，那他们也就谈不上有土地所有权了，因为所有权主体之间在人格上是平等的。臣民的物权相对于君主专制的主权，只具有占有权和用益权。“在这里，国家就是最高的地主。在这里，主权就是在全国范围内集中的土地所有权。但因此在这种情况也就没有私有土地的所有

① 侯外庐：《中国封建社会史论》，人民出版社，1979年版，第40页。着重号为原文所加。

② 侯外庐：《中国封建社会史论》，人民出版社，1979年版，第36页。

③ 侯外庐：《中国封建社会史论》，人民出版社，1979年版，第36页。

④ 五来欣造：《现代政治学》，陈鹏仁译，水牛出版社，1994年版，第15页。

权，虽然存在着对土地的私人的和共同的占有权和用益权。”①（侯外庐引文中的把“用益权”翻译为“使用权”——本文作者按）侯外庐指出：“封建财产……在封建专制国家则更不隐藏地表现出‘主权是皇帝的私有财产’，这就是我们所说的土地国有制形式。大土地占有者之所以获得可靠的土地权力，是依据了名分的传统以及荣誉的恩赐。名分和荣誉来自门第和勋格，而不是来自财货的商品关系。”② 也就是说封建土地国有制下，封建地主的土地占有权和用益权是由皇帝所拥有的主权设定或赐予的。

侯外庐认为：“中国的封建土地所有权，依法律的虚构而受命于天的君主名器，是所谓传统式的‘普天之下，莫非王土’的最高主权；作为最高地主（即主权者）的皇权，在政治上即表现为封建专制主义。”③从所有权的结构上看，皇帝拥有最高所有权，享有特权的品级性地主（身份性地主）在法定土地限度内拥有土地占有权、用益权、免役权，但是超出了法定的占田和免役限度就是非法的，其权利就会与皇权发生冲突，就会有被皇权收夺可能；非品级性地主（庶族地主）则不具有免役权，他获得的部分剩余价值受皇权的支配；农民阶级则只有土地的使用权，而且要为其使用权向国君或其他地主交租服役。从封建生产方式中对生产资料的支配来看，皇族地主与品级性地主与庶族地主联合为统治阶级，垄断着对土地的所有权，农

① 马克思：《资本论（第三卷）》，人民出版社，2004年版，第894页。

② 侯外庐：《中国封建社会史论》，人民出版社，1979年版，第42页。

③ 侯外庐：《中国封建社会史论》，人民出版社，1979年版，第42页。

民则是被统治阶级和直接的劳动者。

以上主要论述了，侯外庐对封建土地所有权非运动特点和品级结构的理论辨析。下面我们将要介绍侯外庐对中国封建社会土地所有权的具体研究的贡献。

二、侯外庐对中国封建土地所有权结构的研究

侯外庐的中国封建土地国有论，“是在马克思和恩格斯所提示的，自由的土地私有的法律观念的缺乏，土地私有权的缺乏，甚至可以作为了解全东方的关键这一思想的启发下，结合中国的历史实际而得出的结论”①。

侯外庐对于中国封建土地国有制的判断，延续了他在中国古代史研究中的问题意识和分析方法。这些我们可以从他对家族血缘关系与封建品级制度的结合，氏族贵族土地国有制与封建皇族土地国有制之间起承转合的研究中看出来。另外他又创造性地以生产方式和法典化相结合，“把中国封建制发生形成过程，划在战国中叶至秦汉之际”②。又以法典化为依据，以唐代的两税法为界限把中国封建社会分为前后期，以明代“一条鞭法”作为中国封建社会晚期的标志。他的这些学术研究成果推动了对中国封建社会分期和封建土地所有制的形成及其前后期时代划分的研究。下面，我们将在侯外庐关于封建土地所有权的理论基础上，具体介绍他对中国封建土地所有制的研究贡献。

---

① 侯外庐：《韧的追求》，三联书店，1985 年版，第 253 页。

② 侯外庐：《韧的追求》，三联书店，1985 年版，第 250 页。

1. 中国封建社会的建立及土地国有制的形成

中国封建土地国有制是随着中国封建社会的建立而形成的。然而中国封建社会是什么时候建立的，应如何判断？这就涉及中国奴隶社会与封建社会的社会分期问题。

（1）中国封建因素的法典化与封建社会社会的确立

侯外庐主要是从封建生产方式："私有的劳动工具相连的劳动力和地主所有的生产资料两者的结合"① 入手研究封建社会的，关注的重心是经济构成（formation），即"立基于自然经济、以农村为出发点的封建所有制形式"②。他从经济、政治、法律以及意识形态等因素考察了秦汉及其以后时代的制度，发现它们在这些方面都是近似的。他推断："秦汉制度为中世纪社会奠定了基础。"③

生产方式决定一个社会的经济构成和社会性质。他以生产方式与法典化相结合对中国历史中社会分期问题进行了清理。他认为：社会史犹如自然史一样具有连续性，"在历史发展的长河中，前后社会形态的内在联系不允许截然分开。……以古史分期而言，不但封建制的经济因素萌芽于古代社会之中，而且在封建化的过程中，也还保留着奴隶社会的残迹"④。如果只片面抓住某些经济因素，不从历史整体发展趋向没有对把握、区分封建制因素存在状态的稳定性和主导性与封建因素的萌芽

① 侯外庐：《中国古代社会史论》，河北教育出版社，2000 年版，第 49 页。

② 中国社会科学院历史研究所中国思想史研究室：《侯外庐史学论文选集（上）》，人民出版社，1987 年版，第 203 页。

③ 侯外庐：《中国封建社会史论》，人民出版社，1979 年版，第 56 页。

④ 侯外庐：《韧的追求》，三联书店，1985 年版，第 250 页。

形态，“历史发展的界限是可以任意来划分的”[①]。所以，他对生产方式与社会性质的判断坚持量变和质变相统一的原则，“个别国家或个别区域的封建因素的成长必须和全国范围内封建关系的法律化过程，严格区分出来，因为由前者而言，它是在没有法典化以前某些现象甚至多数是尚难实现的理想；由后者而言，它是通过统治阶级的一系列法律手续固定起来的形式”[②]。也就是说，封建因素只有法典化封建生产方式才能取得稳定的支配地位，才意味着封建制社会的确立。

所以，从封建因素的生长过程来看，他认为中国封建化开始于战国末期，“远自秦孝公商鞅变法所谓废井田开阡陌，在奴隶制之下就有封建的前途，至秦始皇二十六年所谓并一海内、一统郡县（公元二二一年），中国古代社会的经济构成（Formation 一般译作‘形态’）正被封建制社会的经济构成所代替，经过汉初的一系列的法制形式，如叔孙通制礼，萧何立法，张苍章程等，到了汉武帝的‘法度’，封建构成更有典型的完成因素，即封建生产方式，在古旧制度的残余依然同时存在之下，作为主导倾向而统驭了社会的全性质”[③]。也就是说，从封建因素的量变角度来看，“从战国中期到秦汉之际都属于奴隶制向封建的过渡期”[④]，直到汉武帝的一系列立法封建生产方式才完全确立。

---

① 侯外庐：《中国封建社会史论》，人民出版社，1979 年版，第 57 页。

② 侯外庐：《中国封建社会史论》，人民出版社，1979 年版，第 57 页。

③ 侯外庐：《中国封建社会史论》，人民出版社，1979 年版，第 57 页。

④ 侯外庐：《韧的追求》，三联书店，1985 年版，第 252 页。

（2）中国封建土地国有制形成的具体路径及其所有权结构

在判定了中国封建因素经过法典化在汉武帝时确立之后，侯外庐指出必须研究中国社会封建化的具体路径才能真正理解中国的封建社会。他说："问题的关键在于具体分析：从古代的奴隶制怎样转化而为中世纪的封建制，中国的封建化过程及其特殊的转化路径是采着什么形态。这个专门问题正有待于我们历史学者的创造性研究。"①

侯外庐认为，中国封建土地国有制的形成，"一方面由于承袭了古代土地国有（氏族贵族所有）的传习，他方面由于封建制度的组织大都采取野蛮的军事组织形式（恩格斯论罗马帝国的灭亡和封建因素的形成就着重指出这一点）。中国在这一时期，土地国家所有制形式正是在对内对外战争环境中发展起来的，而且如北魏至隋、唐的均田制形式更是在少数民族内徙以后发展起来的。这和欧洲中古史中野蛮民族的军事组织影响于封建的所有制形式，其形态不同，而其性质相似。"② 战争和军事组织是集权的典型途径，它们与中国古代社会氏族组织天然的家父权结合，在封建社会嬗变为中央集权的君主制③，君主

① 侯外庐：《中国封建社会史论》，人民出版社，1979 年版，第 56 页。

② 侯外庐：《中国封建社会史论》，人民出版社，1979 年版，第 255 页。

③ 这种古代氏族家长制传统在中国封建社会的遗留，在封建法制中表现是：礼法结合、出礼入法、法律伦理化。董仲舒的春秋决狱开引礼入法的先河，中国法律开始受儒家伦理的影响和支配，这种影响在《唐律疏议》中得到典型成熟的表现。关于这方面的研究成果请参考：张中秋：《中西法律文化比较研究》第四章第一节《中国传统法律的伦理化》，法律出版社，2009 年版，第 121 – 156 页。

集军事、政治、法律领域的最高权力于一身。他对全国的土地和臣民拥有支配权，他是全国的主权者。秦始皇未统一六国之前是秦国最大的氏族长，对全国人民拥有天然的家父长支配权。在对外统一战争中军事能力的持续，不仅使他获得了“一种对其政治支配者的征调权力”①，同时也确立了他对全国土地的所有权。法家战国时期的变法运动则把全国的最高立法权和司法权赋予了封建君主，并遗传给以后的封建皇帝，一切法律的制定主要是以君权（皇权）的利益为基础对臣民义务的设定。所以，“在中国封建社会，物权关系比较薄弱，而债权关系（如经典作家指出的贡纳形态）显得更重要，因而这样地主阶级的所有权是不完整的，特别是从法律意义上看来，是缺乏条件的。”②“中国的封建土地所有权，依法律的虚构而受命于天的君主名器，是所谓传统式的‘普天之下，莫非王土’的最高主权；作为最高地主（即主权者）的皇权在政治上即表现为封建专制主义。中国封建专制主义的历史不仅表现出土地所有权和主权不分，而且更表现出国家对全国范围内居民有极大的施职役的权力。”③ 于是，“土地和户口都规定于皇权支配之下”④。

虽然法理上最高的主权和所有权属于君主（皇帝），但是君主要把它实现出来必须要依靠家臣或者官僚来辅助他，帮他

---

① 马克斯·韦伯：《支配社会学》，康乐、简惠美译，广西师范大学出版社，2010年版，第100页。

② 侯外庐：《中国封建社会史论》，人民出版社，1979年版，第44页。

③ 侯外庐：《中国封建社会史论》，人民出版社，1979年版，第42页。

④ 侯外庐：《中国封建社会史论》，人民出版社，1979年版，第74－75页。

管理和收租、收税。为此目的，秦汉的皇帝在郡县制的基础上，通过军功爵制来开疆扩土并建立官僚系统，扩大统治基础，所以形成了以皇帝为首的品级性地主（侯外庐有时也称为“身份性地主”），这些品级性地主主要包括皇族地主和军功地主、官僚地主、豪族地主。皇族地主直接依附于皇权，是皇帝的直接统治力量，也是皇权的核心力量，所以侯外庐有时把封建土地国有制也称为皇族土地所有制。军功地主则来源于功绩制的军事编制。官僚地主，则属于皇权支配的官僚系统。豪族地主主要是从六国世族转化而来。由于中国封建社会建立时残留着大量的血缘组织，官僚地主与家族组织相结合形成门阀特权。品级性地主往往都受到皇权的优待，享有特定级别的土地和劳动力的占有权、免役权。除了品级地主外，中国封建社会还有没有免税免役特权的庶族地主。这些非品级地主有时候也可以通过向皇权进献财产来获得官位和品级。相对君权，这些品级性地主和庶族地主都没有所有权，他们只有占有权和使用权，但是从生产方式来看，这些地主作为一个阶级垄断了土地的所有权。然而从主权角度看，他们的权力以君权为轴心是有等级区分的。

社会中作为直接劳动者的农民和农奴，则是被统治者和被剥削者，他们被封建地主部分地当作地主的财产，“他们处于封建的依附性和隶属性的政治条件之下。……从法理上说他的剩余劳动必须全部属于地主”[①]。封建国家通过授田、屯田、均田等方式，把土地授予他们。另外他们还会租借地主的土地。他们对土地只有占有权和使用权，他们为国家和地主生产剩余

① 侯外庐：《中国封建社会史论》，人民出版社，1979年版，第48页。

价值，即各种形式的地租。从生产方式来看，他们的占有与地主的占有不是一个概念。各种地主因为不是直接生产者，他们的占有权则类似于生产资料的所有权，只是相对于君权，不具有完整的独立性和绝对支配性，它的剩余价值被君权规定和限制。农民对土地的占有，主要是为了给国家和地主提供劳动力，他们的剩余劳动为国家或地主所有。

在中国封建土地国有制中，在法理上君主对全国土地享有最高主权和所有权。皇族地主和官僚地主形成品级性地主，对土地和劳动力的占有和免役具有一定特权，庶族地主则没有这些特权。农民阶级则只有占有权和使用权而没有所有权，他们需要向国家和租借地主纳租服役。

2. 中国封建土地国有制的内部矛盾

（1）地主阶级内部的矛盾

这里不谈各种地主之间的具体矛盾，而主要介绍侯外庐对他们之间结构性矛盾的研究。

地主阶级内部的矛盾，有皇权与其他地主的矛盾，也有品级地主与庶族地主的矛盾。因为封建土地所有权的品级性，各级地主在人格和物权上都受到皇权的限制。在传统的自然经济下，土地和劳动力是财富的主要来源。尤其是在地广人稀的封建社会，劳动力对于财富来说显得更重要。“古代贵族是以所得物之多少来计算财富，而封建地主则以土地占有的大小，特别是以劳动人口的依附的多寡来计算产业。”[①] 所以，土地和劳动力就成为各种地主之间争夺的焦点。“皇权或主权者这样最高地主，依据所有权的法律规定以及引用此规定赐给各级地主

① 侯外庐：《中国封建社会史论》，人民出版社，1979 年版，第 70 页。

以土地荣光时，或依法只默认其实际占有而对之作各种攻击时，就从法律意义方面和各类等级的地主形成矛盾。”① 他在具体分析秦汉豪族地主和皇权的矛盾时指出：“豪族的土地占有权是不固定的，秦汉皇帝大都在强弱或本末之间，采取一定的优遇办法，以安定豪族地主的占有制，作为皇权与豪权的联系，因此，所谓‘限’所谓‘占’，是以占有若干顷的土地数目以及若干‘户数’的农民，为最高限额，这是消极的规定，而不是私有制的积极的承认。”② 品级性地主经常会利用权势兼并土地、荫庇部曲、逃避赋税，从而成为皇权基础的大患。所以历史上经常出现政府度田、搜括隐匿人口和土地、对品级性地主实行限田名田政策，以阻止他们对国家直接控制土地的侵蚀，如东汉光武帝刘秀的度田，隋朝的大索貌阅。历朝历代都存在品级地主与皇权对土地和劳动力的争夺，这是封建等级特权使然。由于封建等级特权的存在，中国历史上的兼并主要是权力支配的兼并。由于品级地主往往是皇权的具体执行者，这使权力兼并具有很强的隐蔽性和不可控性。这必然会导致权力兼并的严重性，使皇权与品级地主发生冲突。

另外，还存在庶族地主与品级地主的矛盾，这不仅体现在土地兼并上面，还存在于土地特权的争夺。东晋门阀政治时代，这两种地主之间的矛盾最为鲜明。士族地主身居要职，在仕途上打压庶族地主，试图保持自己的土地特权和政治特权。封建土地所有权的品级性是历代党争的根源。

---

① 侯外庐：《中国封建社会史论》，人民出版社，1979 年版，第 53 页。

② 侯外庐、赵纪彬、杜国庠、邱汉生：《中国思想通史（第二卷）》，人民出版社，1957 年版，第 23 页。

封建地主阶级内部的斗争，从反面证明了侯外庐关于中国封建土地国有制的品级性以及所有权、占有权相分离的研究成果。侯外庐指出："如果在封建社会不区分土地所有权、占有权和使用权，那就容易发生误解，使人们忽视封建生产关系中的人与人的真实的关系，即阶级集团之间的对抗关系。"① 另外，除了斗争，还要注意他们还有联合的一面，皇权需要品级地主和其他地主的支持来维护统治，当利益一致时，"特别是农民反抗的时候，他们的阶级集团的态度更表现出拥护所谓'品级联合'的统治"②。

（2）地主阶级与农民阶级的矛盾

侯外庐指出："对依附农民来说，从农奴到不完全地享有人身权利的农民，都被强加了一种程度不等的人身依赖关系。因此，封建所有权是和对劳动力的不完全占有形式相联系着的。"③ 中国封建社会前期（秦汉至唐代中叶两税法时期）以劳役地租和实物地租为主，封建社会后期（唐中叶至明代"一条鞭法"时期）以实物地租为主货币地租为辅，劳役地租也并没有消失。所以。地主阶级不仅对农民阶级具有经济支配权还具有不同程度的人身支配权。从生产方式的具体表现来讲，中国封建社会前期由于劳役制盛行人身支配程度深，这不仅影响农民的自由甚至影响他们的生命安全，所以经常爆发剧烈的人身反抗，陈胜吴广大起义、赤眉起义、樊崇起义等等皆针对严苛

---

① 侯外庐：《中国封建社会史论》，人民出版社，1979 年版，第 52 页。

② 侯外庐：《中国封建社会史论》，人民出版社，1979 年版，第 54 页。

③ 侯外庐：《中国封建社会史论》，人民出版社，1979 年版，第 47 页。

的劳役制和实物地租。“在这一时期的农民战争中，农民在争取生存权的同时，要求财产公有，要求撤除那些直接压在他们头上的官厅特权，要求废除特权阶级的靡费；争取人身权的同时，要求人与人之间的平等，要求同等的劳动。”①

而封建社会后期主要是经济支配关系占主导地位，上一阶段的斗争和经济的发展，减轻了人身支配的劳役制，这一时期的方腊起义、王小波起义、钟相杨么起义则要求等贵贱、均贫富。“‘等贵贱，均贫富’的要求，实质上是要求废除受田各有等级和劳动力户口直接支配等等封建特权，以期消灭封建的贫富不平的现象。”②

对比前后期地主阶级与农民阶级的矛盾以及农民起义的要求，侯外庐指出：“唐代以前的农民起义及其思想和唐代以后的农民起义及其思想，确有鲜明的不同特点，前者主要从反奴役出发而狂想财产共有，后者则更突出地表现了对土地的要求。把握住这个关键问题，那么，对于中国封建社会内部的规律，是会有帮助的。”③

3. 中国封建土地国有制的历史命运

上面我们论及了侯外庐关于中国封建土地国有制的形成机制、内部结构和矛盾的研究成果。现在我们将简要介绍一下封建土地国有制的历史命运。封建土地国有制的命运就是封建生产方式的命运。

① 侯外庐：《中国封建社会史论》，人民出版社，1979 年版，第 287 页。

② 侯外庐：《中国封建社会史论》，人民出版社，1979 年版，第 294 页。

③ 侯外庐：《中国封建社会史论》，人民出版社，1979 年版，第 296 页。

侯外庐以生产方式和法典化形结合，把中国封建土地国有制从具体形态上划分为前期和后期，前期（秦汉至唐代中叶两税法时期）土地国有制以军事政治统治授田制为主，例如历代的授田、屯田、均田，盛行劳役制；后期在生产力提高商品流通逐渐盛行的时期（唐中叶至明代“一条鞭法”时期）土地国有制开始采取商业化模式，比如大规模的庄园制，同时并行的屯田制，以实物地租为主货币地租为辅，劳役地租也并没有消失①。由于唐代均田制中永业田可以自由继承和买卖，这个缺口促成了唐代晚期土地的广泛流转。宋代在原则上不抑兼并，土地流转加剧，但是国家并没有因为土地流转而失去地租和赋役的权力，这说明社会中流转的只是土地的占有权和使用权，而不是真正意义上的土地所有权。这一点可以由土地兼并的方式来说明，因为这些兼并和流转的土地基本上是落入了官僚地主之手，属于权力兼并，而不是商品交换②。

但是，16 至 17 世纪商品经济的发展和扩大，商品和劳动力流动的空间和速度加大，雇佣劳动在发展，资本主义萌芽在中国封建社会中开始孕育，“城市对农村的矛盾、货币经济对

① 关于中国封建社会土地国有制形态具体的演变过程，这里只概述其特点不做详细交待。详细内容请参考拙作：《侯外庐土地国有论及其思想史意义》对这一问题的梳理。

② 关于这方面的具体研究，请参考：李埏：《中国古代土地国有制史》，云南人民出版社，1997 年版，第 279 –284、415 –425 页，关于宋明的土地兼并和官田私有化部分。李埏等学者的观点是：商品经济推动了宋明土地的私有化，地主获得了所有权。本文的观点是：这些买卖并不是真正的私有化，不具有所有权，理由是这些兼并并没有遵循商品交换的等价原则，而是权力支配下的土地集中，这种兼并的动机是利用官田地租与民间地租的差价来转租牟利。国家并没有失去租税和赋役的权力，官僚地主的利益正来源于对国家地租的分割。

自然经济的矛盾，以及手工业从农业中分离的矛盾，总括言之，个体经济的自由经营对由法律固定下来的封建特权所依存的土地占有制之间的矛盾”[①]。商品经济的发展，土地的流动和人口的流动，一方面迫使明政府改革税制，实行“一条鞭法”，一方面明代皇族加紧进行土地兼并，于是产生了皇族对土地所有权的垄断和土地商业化的矛盾。清代则在商品经济的冲击下，实行“更名田”制度。“这是把明代的皇有和官有的庄田划分给人民耕种，其中有的索取田价，有的不索取田价，都明谕‘给印帖为恒业’。这种制度，一方面意味着中国历史上长时期的土地皇族所有制基本上告了一个段落。清廷虽然还保留着一些庄田，但和明代庄田比起来，是微不足道的。另一方面，这意味着人民对土地所有权的法权形式，这和清代摊丁入亩的制度相结合，是在说明人民在法权形式上，获得封建依附身分之减轻，获得对人身和土地所有之较多的自由。同时他们所负担的封建地租获得向财产税形式的过渡。”[②] 封建土地国有制的实现形式从秦汉时期军事、政治统治直接支配到清代的摊丁入亩后直接的经济支配，对于人身自由来说是种进步，但是它以商品经济的价格杠杆对剩余劳动的榨取并没有放松，其根源就在于皇权最高主权的地位没有改变，全能的皇权没有得到制度的有效约束，他对行政、立法、司法的垄断没有改变。皇权可以突破任何边界侵犯封建臣民的人身和财产安全。平权型社会关系和法权关系难以建立，统治支配型所有权难以向平权型所有

---

① 侯外庐：《中国封建社会史论》，人民出版社，1979 年版，第 251 页。

② 侯外庐：《中国封建社会史论》，人民出版社，1979 年版，第 275－276 页。

权转化。资本主义萌芽在旧的生产方式中艰难演进。历史表明，中国明清始终没有发展成真正的资本主义社会。侯外庐认为究其原因在于明清时期旧的生产方式过于顽强。清代封建统治阶级“除了利用东方封建制度的落后因素以加强封建束缚外，更制订出许多对民族运动和民主运动的镇压政策。”① 军事、政治、文化的禁锢加强。18 世纪的中国依然徘徊于生存旧秩序之中。封建社会向现代社会的建构之路还很漫长。

三、侯外庐关于中国封建土地所有权研究的启示

侯外庐对中国封建土地所有权的研究，向世人揭示出由于中国封建社会的皇权垄断了国家的主权、立法权、司法权以及军事权，皇权以外的其他人皆为皇帝的臣民。皇权在支配臣民人身及人格的基础上，也具有支配臣民财产权的特点，所以中国封建社会的土地所有权与主权一样呈现为一元单向建构的模式。皇权以及其垄断的土地所有权在社会中的运动模式是“专制垄断——恩赐”。皇权及其垄断的土地所有权具有专断性和任意性，其统治下的臣民在人身权上和财产权上皆无保障。这就启示我们，中国在由传统社会向现代社会转化的过程中，就要转变原来一元垄断的主权模式和法权性格，才能在财产制度上摆脱原来的统治支配型的所有权，建立维护所有权主体之间平等人格的平权型所有权。

另外，我们还要注意，一定要把学术研究从意识形态的迷雾中拯救出来。研究中国社会史和思想史的目的，不是要给自

① 侯外庐：《中国封建社会史论》，人民出版社，1979 年版，第 282 页。

己的文化贴上反动的意识形态的标签，而是要在详细分析中华民族历史文化结构的基础上，为现代化建构之路寻找文化资源。从理性的角度来看，一切意识形态都是特定时代的生存建构框架，都包含着人类理性。比较和反思这些生存框架则有助于我们建立更合理的生存方式。如果把一切学说、思想、制度都归结为虚妄的意识形态和偏见，则无异于取消人类的理性。现代的学术研究，其宗旨就是要回归理性，为人类的自由服务。具体到当代的中国，就是要为中国的现代化进程服务。侯外庐从现代法权的角度对中国封建土地所有权的理性分析和批判，是对中国历史的严肃反思，寄托着中国走向现代化如何绕过资本主义制度“卡夫丁峡谷”的文化深意。侯外庐一生的学术研究，正是对他追求中国现代化之路学术情怀的诠释。

略论侯外庐先生的治学特色

杜运辉

（河北师范大学马克思主义学院

河北师范大学张申府张岱年研究中心）

侯外庐先生治学的最大特色，是鲜明地体现了以马克思主义为指导的中、西、马融合会通的精神，只有在这种文化观视域下才能准确理解其学术理路和研究范式。

侯外庐先生最早受李大钊《庶民的胜利》《布尔什维主义的胜利》《物质变动与道德变动》等影响，并在其亲自指导下研读布哈林《唯物史观》英译本等书籍、参加学生爱国运动，他的思想在理论研究和社会实践中发生了根本性变化，接受和信仰马克思主义。李大钊鼓励他“搞理论应从马克思、恩格斯的原著入手，从原著中汲取科学社会主义理论的真谛”①，这成为他立志翻译《资本论》的最初动力；而他后来强调从原著出发准确理解马克思“生产方式”“亚细亚生产方式”等基本范畴的本意，也正是肇始于此。1928—1938 年，侯先生以十年之功译读《资本论》，获得“思维能力、思维方式和研究方式的宝贵训练”②，牢固地确立了马克思主义世界观和对历史发展必

---

① 侯外庐：《韧的追求》，生活·读书·新知三联书店，1985 年版，第 14 页。

② 侯外庐：《韧的追求》，生活·读书·新知三联书店，1985 年版，第 91 页。

然规律的信念。他以“致力于用马克思主义的观点和方法解释中国的社会史和思想史”“把马克思主义同中国古代史料结合起来，作统一的研究”① 为终生职志，既认为史学研究必须从马克思主义经典原著中掌握观察问题的理论和方法，又强调对待马克思主义的正确态度是“引申和发展”而非墨守成规，以创造性地实现马克思主义的理论和方法与足以信征的中国史料之紧密结合，这也就是要创立中国化马克思主义新史学。

在中国传统思想文化方面，侯外庐先生幼年时期即在被誉为“巾帼完人”的祖母之身教中熏陶仁爱、刚毅、勤勉、俭朴等中华传统美德，而九年之久的私塾生涯则奠定了他驾轻就熟地研究先秦思想史的史料基础。他在大学时期攻读法律、历史和哲学，20 世纪 30 年代以后自觉地批判继承清代朴学特别是王国维考辨史料的谨严方法，认为“对待历史材料应谨守科学的法则，善于汲取前人的考据成果，同时应有自己的鉴别，勇于创新”②，强调在文献学的基础上准确理解“古人用语的实在所指”③。侯先生认为，治学要“以中国人的立场分析中国的问题”④，他既反对“以古人名词术语附会于现代科学为能事”“以思想形式之接近而比拟西欧学说，从而夸张中国文化”的欧洲中心主义，也反对“以社会发展的社会成分，轻易为古人

① 侯外庐：《韧的追求》，生活·读书·新知三联书店，1985 年版，第 67 页、第 117 页。

② 侯外庐：《我对中国社会史的研究》，《历史研究》1984 年第 3 期，第 5 页。

③ 侯外庐：《中国古代思想学说史·序》，见《中国古代思想学说史》，重庆文风书局，1946 年版，第 2 页。

④ 侯外庐：《韧的追求》，生活·读书·新知三联书店，1985 年版，第 107 页。

描画脸谱”[1] 的机械化、简单化的教条主义，而主张凸显学术研究的民族主体性，“批判地接受中国文化古代的优良传统”[2]，激活优秀传统思想文化的时代力量。

在西方文化方面，侯外庐先生从大学时期即开始学习西欧人文主义和哲学，20 世纪 20 年代末在法国进一步广泛涉猎西方数学和机械学等现代科学，莎士比亚的戏剧、歌德的诗等文学作品，亚当·斯密、萨依、西斯蒙蒂、李嘉图等的政治经济学著作，黑格尔、费尔巴哈、康德等德国古典哲学著作。对西方文化的广泛涉猎和认真消化为他提供了中国史研究的“他者”镜鉴，也是他从事中西文化比较研究的深厚基础。侯先生既注重汲取西方自由、民主、科学等积极成果，又强调将来中国的前途只能走苏联十月革命的道路，明确反对走西方资产阶级国家及印度式的殖民地道路。[3]

侯外庐先生会通中、西、马的知识结构和学术精神，生动地体现在他的学术成果之中。比如，他主张从社会存在和社会意识的辩证统一中揭示中国思想文化的经济根源性、社会阶级性、意识形态性和继承改造性，指出中国文化“在一般的合规律的运动中，具有特殊的合规律的运动路径，在思想领域里更有它的生成和变革的传习，有它自己创造的特别语言文字，以及有它的处理人生与变革现实的特殊方式，不能和西方路径一概而论的”，既要准确界定中国思想在世界文化发展中的地位，

---

① 侯外庐：《中国古代思想学说史·序》，见《中国古代思想学说史》，重庆文风书局，1946 年版，第 1 页。

② 侯外庐：《中国古代思想学说史·序》，见《中国古代思想学说史》，重庆文风书局，1946 年版，第 1 页。

③ 侯外庐：《坎坷的历程——回忆录之三》，见《中国哲学（第 5 辑）》，生活·读书·新知三联书店，1981 年版，第 489 页。

更要“具体地指出中国思想发展的特别传统与其运行的特别路向”，揭示中国文化的真面目而作为“批判地接受与发扬之明鉴”①。又如，他强调从世界史出发来看中国史，强调“纵通”与“横通”相统一，揭示出中国古代文明走的是一条不同于希腊“古典的古代”革命路径的“人惟求旧，器惟求新”改良路径；他认为孔子思想体现了春秋时代的文化自觉，把孔子思想与马丁·路德的宗教解释路线、歌德的战斗精神相比较；他把战国诸子与希腊文化相媲美，凸显了古希腊探究宇宙本源的“智者气象”和中国文化偏重伦理道德的“贤人作风”之对照；他认为明清之际启蒙思潮的人民性与社会性之光辉“并不逊色于欧西文艺复兴与宗教改革以来的成果”②；等等。在比较研究的基础上，侯外庐先生主张“一方面是继承过去时代的遗产，他方面是把这个遗产赋予了新的时代精神”③，“使过去历史的有价溪流都倾注汇合于伟大的社会主义文化之洪流巨潮里面”④，这也就是要以马克思主义为主导而汲取、转化中华民族的优良传统，实现马克思主义中国化与中国学术民族化的高度统一。这些研究都深化和拓展了唯物史观的基本原理，极大地推动了新文化运动以来的中西文化比较，理应看作是中国现代史学和文化学的重要创获。

---

① 侯外庐、杜守素、纪玄冰：《中国思想通史（第一卷·中国学术研究所序）》，新知书店，1947 年版。

② 侯外庐：《中国近世思想学说史·自序》，上海生活书店，1947 年版，第 1 页。

③ 侯外庐：《中国学术的传统与现阶段学术运动》，《理论与现实》季刊第 1 卷第 1 期，第 12 页。

④ 侯外庐：《苏联现阶段文化革命之意义》，《中苏文化》半月刊“苏联十月革命二十三周年纪念特刊”，第 26 页。

侯外庐先生不仅在治学上体现融合会通精神，而且在其学术共同体中加以自觉践行，是中国现代学术史上最具有学派自觉的思想家之一。这既表现在他着重考察中国传统思想史上社会思潮的发展与社会历史的演进、“学派同化与学派批判相反相成”的复杂关系，强调政治民主、学术民主对文化发展的重要影响；更表现在他对创立中国化马克思主义新史学派的高度自信，以他为核心的“侯外庐学派”具有以下鲜明特色：第一，形成了中西马相会通、唯物史观与中国史料相统一、社会史和思想史相结合，以及亚细亚生产方式、中国专制主义的土地私有制基础、历史分期的法典标准等理论硬核；第二，形成了以相互选择、彼此切磋、信任友谊等为重要特色，以信仰基础、道德基础、学术基础、情感基础为保障的学派缔造和师生传承的优良传统；第三，倡导自由研究、善于决疑、勇于创新及“不苟异亦不苟同”[①]“求实而不尚空谈”[②]的独立自得治学风格；第四，肯定“古为今用”而反对实用性、功利性的“影射史学”，不赞同“政治权威与学术权威的划一”[③]，主张创造“有个性的马克思主义史学著作”[④]。这些因素使得侯外庐先生能够以坚强的理论自信走出一条中、西、马融合会通的学术道路，也是侯外庐学派在史学、哲学和文化学等领域不断取得重

① 纪玄冰：《思想史研究的新果实——评侯外庐著〈中国古代思想学说史〉》，《读书与出版》1947年第2卷第5期，第35页。

② 侯外庐：《韧的追求》，生活·读书·新知三联书店，1985年版，第111页。

③ 侯外庐：《韧的追求》，生活·读书·新知三联书店，1985年版，第139页。

④ 侯外庐：《韧的追求》，生活·读书·新知三联书店，1985年版，第186页。

大创获的根本保证。

张岂之先生认为，以侯外庐先生为代表的“中国思想通史”学派之所以取得巨大的学术成就，关键就在于侯先生“既继承中国思想学术史的优良传统，又创造性地运用马克思主义历史唯物论作为研究的指导”[①]。笔者认为，侯外庐先生这种研究路径，与张申府先生、张岱年先生等倡导的“三流合一、综合创新”文化观是高度一致的，如张岱年先生就主张在扬弃中国传统文化和资本主义文化的基础上“综合中西文化之长而创造社会主义的新中国文化”[②]。从广义上而言，毛泽东与侯外庐、张氏兄弟、冯契等都属于20世纪中国马克思主义综合创新学派的重要代表，他们在基本理论高度统一的前提下表现了丰富多彩的多样性，这种“理一”与“分殊”相统一的显著特色是马克思主义综合创新学派得以葆有青春活力的重要原因，对中国化马克思主义在与全盘西化派、文化保守主义等的对立互动中最终成为主导思潮发挥了重要作用。这一学派坚持以中国化马克思主义为指导，汲取、兼容、转化中国传统文化和西方文化之优长，把马克思主义普遍真理与包括儒学精华在内的中国优秀文化的基本真理融为一体，由此奠定了中国特色社会主义新文化的理论基础。方克立先生指出，这条“以辩证唯物论为基础和主导的中、西、马‘三流合一’、综合创新之路，仍然是新世纪中国哲学发展的正确方向和现实道路”[③]，这既是当

① 张岂之：《侯外庐著作与思想研究：总序》，长春出版社，2016年版，第1页。

② 张岱年：《文化的综合与创新》，见《张岱年全集（第七卷）》，河北人民出版社，1996年版，第13页。

③ 方克立：《张岱年先生与二十世纪中国哲学》，《中国社会科学》2005年第2期，第68页。

代马克思主义中国化的重要内容，也是继续推进中国优秀传统文化的创造性转化和创新性发展的必由之路。

外老与《中国史研究》杂志

苏　辉
（《中国史研究动态》编辑部）

侯外庐先生是我国著名的历史学家，不仅是西北大学的老校长，也担任过中国社会科学院历史二所的所长，以及后来一所、二所合并成立的历史所副所长。关于外老的学术思想和成就已经有不少学者做过探讨，在马克思主义史学家的研究史中也占据了非常重要的地位。不过，从一个刊物的角度出发来考察外老的学术贡献，似乎还不多见，这也是本文选题的考虑。

《中国史研究》及《中国史研究动态》均创刊于1979年，当时外老由于身体的缘故，在历史所并没有分管过这两个编辑部，但这并不表示他和编辑部没有学术上的往来。如果从学术史的角度考察，其实我们两个刊物发表了不少与外老直接相关的文章。我曾做过一个简单的统计，如果把这些文章都合编起来有将近100页，相当于《中国史研究》半期的份量，这在杂志创刊以来也是很少见的。将这些文章集合起来做考察，这对于充分认识外老的学术地位和影响力大有助益。

一、外老自撰的文章

侯先生在《中国史研究》总共发表过三篇文章，分别是

《提倡科学上的诚实态度》（1979年第3期）、《怀念吕振羽同志》（1980年第4期）和《深切悼念尹达同志》（1983年第3期），后两篇是怀念史学同道故人的悼文，尹达、吕振羽两位先生的风范和气质，在文中得到了生动的展现。

1979年《中国史研究》创刊，在第3期推出了“中国史学三十年的回顾与展望”专栏，同时收录了郑天挺、谭其骧、尚钺等十位史学大家的文章，这是“文革”结束之后史学界对新中国成立之后自身道路发展的总结。与其他学者着眼于具体学科方向的评论不同，侯外庐先生的《提倡科学上的诚实态度》独树一帜，从具有普遍意义的认识角度，强调了从事史学研究应该坚持的原则与精神，这体现了外老看问题直击本质的特点。因为当时学界的致命缺陷，不是研究方法的过时，而是学术风气的隳颓不振。文中对“科学上的诚实态度”和“科学上的卑鄙”的阐释，尤其是否定曲学阿世、影射史学的“革命”招牌，提倡独立思考与尊重科学的精神，无一不是鞭辟入里。虽然是对“文革”中扭曲败坏的学风进行批判，但在今天仍然发挥着警醒学界的作用。纪念外老的学术贡献，这一点也不可忽视。文末是这样说的：

> 在“四害”横行的前几年……史学研究中也只能帮云亦云，奉命唯谨，稍越雷池，便有大祸。“四人帮”虽然早已垮台了，但他们这种新蒙昧主义给某些人思想上造成的“内伤”还是相当严重的这些同志至今还不敢解放思想，习惯于随大流，人云亦云，缺乏独立思考，勇于创新的精神。这对于历史科学的发展是不利的。马克思说过这样一句名言：“在科学的入口

处，正象在地狱的入口处一样，必须提出这样的要求：'这里必须根绝一切犹豫，这里任何怯懦都无济于事'！”（《马克思恩格斯选集》第二卷，第八五页）我们应当学习革命导师这种大无畏的科学勇气，克服一切艰难险阻，齐心协力，把我国的历史科学推进到一个新的阶段。

重读外老的这篇文章，不仅体会到历史的厚重与曲折，同时也对外老能在恶劣的外部环境中坚守学术品格表示崇高的敬意。

二、同辈悼念外老的文章

外老是1987年9月逝世的，由于《中国史研究》编排的时间周期，无法在当年就登出追思纪念的文章，因此白寿彝和邱汉生两位先生所写的悼文是在1988年第1期上刊出的。

白寿彝先生的《悼念侯外庐同志》一文着重从治学方法的特点对外老的史学成就做了高度评价，尤其是从马克思主义在中国史学领域的传播与发展的层面来分析，认为“李大钊的《史学要论》是二十年代的阶段性标志，郭老的《中国古代社会研究》是三十年代的标志，那么，在四十年代，外庐同志的著作在同时期的马克思主义史学著作中应有他独特的地位”。这个评述无疑是符合学术史的客观面貌的，也如实反映了外老的突出贡献。白先生此篇稿子是当时刚入编辑部工作的彭卫亲自上门去约取的，作为《中国史研究》现任主编的彭老师不久前提及此事仍记忆犹新，并提到当时约稿的对象还有刘大年先生，可惜后来由于种种原因，刘先生的稿子未能交来，令人感到遗憾。

邱汉生先生《沉痛悼念侯外庐先生》是从学术生涯中的一些往事来追忆外老风范的，总结了侯先生在史学研究上的重要见解，尤其是文中引用了两首吟颂外老的自作诗句，饱含了邱先生对外老的深厚情谊。

三、后辈对外老的研究心得与学术评价

外老是 1903 年出生，1993、2003 和 2013 年分别是诞辰 90、100 和 110 周年，《中国史研究》根据历史所的指示，分别在 1994 年第 1 期、2003 年第 2 期开设了“纪念侯外庐先生诞辰专栏”，2013 年第 4 期更是在卷首语抬头题记“纪念侯外庐先生诞辰一百一十周年”，以专期的形式向外老致敬。

1994 年第 1 期的纪念专栏收录了田昌五《一位史学大师的得与失——谈〈中国封建社会史论〉》、瞿林东《侯外庐史学理论遗产的科学价值》、卢钟锋《侯外庐与中国传统思想文化的研究》、龚杰《侯外庐思想史学与精神文明建设》四篇文章。

2003 年第 2 期的纪念专栏刊载的一组文章分别是：卢钟锋《论侯外庐的学术道路》、刘宝才《亚细亚生产方式理论的中国化》、张岂之与刘文瑞《试论侯外庐关于社会史分期的法典化标准》、陈祖武《思想史与社会史相结合的典范》、瞿林东《继承侯外庐先生的学术遗产，推进有中国特点的马克思主义史学建设》、李学勤《四十三年佐鼎与牧簋》。其中李学勤先生的文章讨论的青铜器铭文有关西周晚期法制，以志怀念的缘由在于侯外庐先生早年入北京法政大学攻读法律，对古代法制的发展

演变一直注意研究，并且曾有编写法律思想史的想法。

通观这两组纪念论文，很少是涉及侯先生某一个学术观点，而是突出外老的学术方法和史学思想，尤其是从马克思主义的经典原本出发，通过社会史与思想史的相互结合来研究古代中国的发展，这个特色是外老作为一个马克思主义史学家的过人之处，在各位学者的论述中尤其明显。很早就有学者提出“侯外庐学派”的叫法，这是符合学术史实情的观点，到今天侯外庐学派的传承者还在发扬外老求真务实的学风及精神，将史学研究推向深入。正如张岂之和刘文瑞两位先生在上述文中所言：“（外老）对中国封建社会的历史脉络做出了自己独到的解释。继承他的学术事业，不是在具体观点上的继承，而是在思想方法和理论体系上的继承，只有这样，才能使史学不断发展，也才能真正领会他的学术贡献。”

我们《中国史研究》杂志社的两个刊物也因和外老有过这么多的学术渊源而骄傲。希望各位专家学者在研究外老的学术思想，以及应用外老的理论体系、研究方法去探讨中国古代社会时，能将这方面的大作投给我们，从而继续给我们刊物以支持和帮助。

《侯外庐著作与思想研究》与侯外庐先生的学术思想

袁志伟
（西北大学哲学与社会学学院）

侯外庐先生（1903—1987）是中国现代著名的马克思主义史学家、教育家、中国马克思主义史学奠基人之一，他与郭沫若、范文澜、翦伯赞、吕振羽合称为马克思主义史学“五老”，并开创了马克思主义中国思想史研究体系，其弟子和研究团队发展成为享誉学林的侯外庐学派。侯外庐先生著作等身，其研究领域涉及经济学、哲学、社会史、思想史、史学理论及三民主义、新民主主义理论研究诸多方面，他自20世纪20年代以来发表了大量具有重要史料价值和研究价值的学术专著、研究论文、时政评论、书信序跋等著作。但是，除了《中国思想通史》等著作得到较好地整理外，其他论著多尘封于各大图书馆、档案馆及私人收藏中，并面临着逐渐散佚的危险，对这些著作进行全面收集、细致校勘注释并重新排印出版，已成为当务之急。

适逢长春出版社《侯外庐著作与思想研究》出版，该书收录了能够收集到的侯外庐先生的所有论著译作及研究侯外庐思想的论著，全书分为“侯外庐著作”与“侯外庐思想研究”两部分，前者收录了侯外庐先生自20世纪20年代至80年代的论著译作，后者收集了海内外学者研究侯外庐学术思想的代表性论文，共33册，1080万字。全书由侯外庐先生的弟子、历史学家张岂之教授担任主编，集合西北大学、中国社会科学院、清华大学、河北大学等单位的侯外庐学派思想史研究者参与整理，历时三年努力方告完成。

《侯外庐著作与思想研究》的出版具有十分重要的学术价值、史料价值和整理中国马克思主义学术文化遗产的意义。该书可以说是对侯外庐先生毕生研究成果的系统总结和集中呈现，我们可以从中窥探到侯外庐先生学术思想的特点，以及此书的价值和意义：

第一，世界的眼光，中国的立场。

侯外庐先生特别强调，在中国历史研究中必须坚持“世界视野与中国问题结合”的研究视野，他特别注意将马克思主义理论与中国历史实际相结合，以此发现中国历史的特点，他说：“我们提倡马克思主义理论与中国历史实际相结合的创造性的科学研究，同时也反对这样的态度：或者孤立地用一句封建主义的定义来代替各个角度的全面分析，或者动不动就武断地说马克思主义的普遍性的理论不适用于中国。这种态度妨碍人们对科学理论进行虚心而认真的研究。”① 他对中国历史和思想的系统考察，并不是就中国而论中国，而是围绕中国的现实问题与时代课题，将中国历史放在世界历史的宏观范围内加以考量，力图对中国历史的特点、价值与不足做出全面的考察。他说：“我常注意从世界史的总范围去考察以及从各个时期中外历史的比较中去探索中国社会发展的特点，自信不是削足适履。”②

① 侯外庐：《中国思想通史（第四卷）·上》，人民出版社，1959年版，第3页。

② 侯外庐：《韧的追求》，三联书店，1985年版，第263页。

通读《侯外庐著作与思想研究》全书，我们可以从侯外庐先生的一系列理论创见中体会到这种研究视野的深度和广度，例如，他在《中国古代思想学说史》《中国思想通史》（第一卷）中研究中国的文明起源道路，就把“古典的古代”的希腊城市国家作为主要参照；在《近代中国思想学说史》《中国近代启蒙思想史》等论著中考察明末以来“三百年”的社会变动和学术思想时，既注意从世界史的普遍性角度看待中国启蒙思想的发生发展，又注重从中国社会历史的特殊性出发审查中国启蒙思想的个性特点。这种辽阔的世界历史视角，使侯外庐先生的中国历史研究摆脱了自我中心的局限，突破了中国传统史学中的“中国即天下，天下即中国”的狭隘眼光，进入了世界史学的领域。只有立足于中国历史问题，同时以世界历史的视野进行中西比较，才得以发现中国历史发展的独特性及其症结所在，这正是近代以来中国学术发展及侯外庐先生史学研究给我们的启示，在今天依然具有重要的学术和现实意义；同时，这也是该书的重要学术意义所在。

第二，客观的整理，批判的审视。

侯外庐先生认为，以科学客观的态度对汗牛充栋的中国思想史史料进行考据和辩伪，提供科学的资料和证据，是学术研究的前提。他在 1945 年问世的《中国近世思想学说史》自序中说：“治学应‘实事求是’与‘自得独立’二者并重，二者看起来，好像相反，而实相成，犹之乎‘忠恕违道不远’。”①侯外庐先生一方面继承了乾嘉学派，尤其是王国维的文献学方

① 侯外庐：《中国近世思想学说史·自序》，三友书店，1946 年版，第 1 页。

法，即“实事求是，谨守考证辩伪方法”①，他在《中国古代思想学说史》自序中写道：“研究中国古代思想史的第一步，当以文献学为基础，作者的时代，著书的真伪，文字的考证，材料的头绪，皆专门学问”。另一方面，侯外庐先生认为马克思唯物史观具备真正的科学性，他说：“马克思主义的治史要求，在乎详细地占有史料从客观的史实出发，应用历史唯物主义的基本原理和方法，认真地分析研究史料，解决疑难问题，从而得出正确的结论，还历史以本来面目。”②

侯外庐先生的这一学术思想和治学态度也为该书的整理者所继承，为了完整地呈现侯外庐学术思想及论著的丰富内涵，整理者按照经济学、史学（社会史、思想史）、哲学、时论、杂著等类别对其著述进行了全面收集和整理，并赶赴北京国家图书馆、北京大学图书馆、中国社会科学院、山西平遥史志办、陕西省图书馆、西北大学等单位进行论著资料的寻访和收集，对不同版本的著述进行细致的校勘与注释，可以说是对侯先生客观整理史料的学术思想和文献学方法的传承与实践。

在客观整理史料的基础上，侯外庐先生上承五四时代“民主”“科学”的学术思潮，批判性地研究了上起商周时代下至五四时期的中国思想史，其目的正在于以实事求是的科学态度批判审视中国思想文化，全面客观地评判其价值与地位，以此完成新文化运动未完成的历史任务。侯外庐先生指出：“从新事物里剔除腐烂渣滓，从旧事物里提取新生契机，发扬它。这

① 侯外庐：《侯外庐史学论文选集·自序》，人民出版社，1987年版，第17页。

② 侯外庐：《韧的追求》，三联书店，1985年版，第292页。

是当前哲学上的首要任务。”① 从这一点上说，侯外庐的学术研究正是五四新文化运动的继续。当前建设和谐社会、践行核心价值观，也需要我们回顾和借鉴百年前五四思潮中的思想遗产，因此该书对侯外庐先生相关理论成果的系统整理与保存，也具有重要的现实意义。

第三，哲学的思维，史学的向度。

在侯外庐先生的思想体系中，史学、经济学和哲学三者是三位一体的统一关系，他的史学研究中始终贯彻着马克思唯物主义哲学的思路与方法。侯先生认为：哲学思想是思想史的核心，离开哲学讨论思想，无法准确把握思想的要义，离开思想史背景去谈哲学，哲学也会找不到实质内容。他在《新哲学教程》自序中提到，哲学、历史科学、经济学“这三样学问属于三位一体的”；哲学又是史学和经济学的基础，“没有哲学修养，便不能裁成事物，所谓‘迎刃而解’者，必有其‘刃’，哲学就是一把宝刀，不但可以斩截乱麻似的现象界，给予规律的说明，而且可以铲除荆棘，在人类实践方面，给予指南的引津”②。而“哲学史不能代替思想史，但是，思想史也并不是政治思想、经济思想、哲学思想的简单总和，而是要研究整个社会意识的历史特点及其变化规律。”③ 可见，在侯外庐先生的学术思想中，史学是主要的研究领域，而哲学具有方法论和理论基础的意义。本书主编张岂之先生同样认为：“哲学是思想史

① 侯外庐：《中国近代启蒙思想史》，黄宣民校订，人民出版社，1993 年版，第 307 页。

② 侯外庐：《新哲学教程·自序》，新知书店，1947 年版，第 1 页。

③ 侯外庐：《侯外庐史学论文选集·自序》，人民出版社，1987 年版，第 11 页。

的主干，丢掉哲学思想，就等于抽掉了思想史这座大厦的大梁。”①

因此，本书整理者一方面重视对侯外庐先生重要史学论著的整理，全书第二十三、二十四卷第一次将其20世纪30年代至80年代的全部史学论文整理出版，研究领域涉及思想史、史学理论诸多方面，内容上则涵盖从先秦到中国现代的主要思想家的研究，可以说是侯外庐先生史学研究成果的全面呈现。另一方面，整理者也重视侯外庐先生稀见哲学著作的收集与整理，如第二十五卷就专门收录了他与罗克汀合著的《新哲学教程》（1947年上海新知书店初版），该书对于研究马克思唯物主义哲学在中国的传播与发展具有很高的史料价值。

第四，社会史为基础，经济学为依据。

侯外庐先生史学研究的一个主要特点，就是将中国历史视为社会历史和思想历史的统一整体。他说：“自三十年代开始，我对于中国历史的研究，主要做了两方面的工作，一是社会史研究，二是思想史研究，我向来认为，社会史与思想史相互一贯，不可或缺，而‘研究中国思想史，当要以中国社会史为基础。’”② 他揭示的中国古代文明和国家起源的独特“维新”路径、中国封建社会土地国有制（土地所有权为皇族地主所有）、中国近代思想界的启蒙思潮等理论创见，在中国早期文明研究和中国封建社会史、近现代思想史研究领域都产生了重要影响。该书第五至第六卷收录了侯外庐先生写于20世纪40年代的专著——被称为中国马克思主义史学发展到新阶段标志的《中国

① 张岂之：《儒学·理学·实学·新学：论思想史与哲学史的相互关系》，陕西人民教育出版社，1994年版，第296页。

② 侯外庐：《韧的追求》，三联书店，1985年版，第221页。

古典社会史》（后易名《中国古代社会史》《中国古代社会史论》），第七卷则收录有《苏联历史学界诸论争解答》（1946 年上海建国书店初版）及《历史阶段的了解》（1940 年）、《周代社会诸制度考》（1942 年）等稀见社会史论著。其中，《苏联历史学界诸论争解答》一书专门探讨亚细亚生产方式及中国古代社会性质等问题，第三十一卷则以影印方式收录了《中国古代社会史》（1949 年上海三联书店初版），这些著作对于全面认识侯外庐先生社会史研究的理论贡献具有重要的史料价值。

侯外庐先生学术体系的主要渊源之一就是以马克思《资本论》为核心的马克思主义经济学和社会历史分析法。他通过翻译《资本论》，“从经典著作的原著掌握观察问题的理论和方法”①，确立了其研究中国社会发展最基本的理论依据，以及实现“填补中国马克思主义理论宣传一大空白”的宏愿。1936 年，侯外庐先生与王思华合译了我国最早的《资本论》第一卷全译本。抗日战争前夕，他独自完成了第二、三卷的译稿（后毁于战火）。可以说，为时十年的翻译《资本论》生涯为其走上信仰马克思主义的道路和开创中国马克思主义史学打下了坚实的理论基础。此次出版收录了他与王思华 1936 年合译的《资本论》译本，对于研究《资本论》传入中国的历史和侯先生史学研究的历程而言，弥足珍贵。此外，受旅法时期研读和试译《资本论》的影响，侯外庐先生 1930 年归国后曾从事于经济学的研究，他的中国思想史研究也开始于中国古代经济思想史的研究，全书第二十二卷收录《中国古代社会与老子》（国际学社 1934 年初版）正是这一研究的开山之作。

---

① 侯外庐：《韧的追求》，三联书店，1985 年版，第 157 页。

第五，学术的求索，现实的关怀。

与众多马克思主义学者相同的是，“文以载道”“经世致用”也是侯外庐先生在学术上追求的境界。在他看来，中国社会和历史虽然有其特殊性，但未来的中国社会将是人类大同的共产主义。不过，与许多马克思主义学者不同的是，他认为中国社会实现自我进化的内在动力不足，这一点已经为文明起源的维新路径、封建土地国有制的专制压迫、资本主义萌芽的迟缓发展等历史事实所证明。因此，要实现中国社会的现代化，必须从思想文化、政治制度等各方面引入外部动力，即马克思主义。侯外庐先生学术研究的最终目的正是为中国现代化扫清思想障碍，他将民国时期的时代课题视为“近代的民主潮流在中国的现实解决”①，他也从不讳言其学术研究的目的是为了民族的独立和自由，并希望以此促进社会和思想的解放。对此，侯外庐先生晚年回忆自己的治学生涯时说：“远言之，我爱慕王船山六经责开生面的气魄，仰慕马克思达到的科学高峰，近言之，自认最能理解鲁迅先生为民族前途，交织着忧愤和信念的，深沉而激越的，锲而不舍的‘韧’的战斗。大半生来，在我追求、研究的不平坦历程中，鞭策力是共产主义拯救中国的理想。”②

侯外庐先生是中国马克思主义史学研究的代表学者，同时也是著名的社会活动家和革命理论家，他在抗日民族统一战线、抗战建国与抗日形势、中苏关系、欧洲战局及孙中山三民主义理论、新民主主义建设等重要现实与理论问题研究方面都有独

---

① 侯外庐：《中国近代启蒙思想史》，黄宣民校订，人民出版社，1993 年版，第 1 页。

② 侯外庐：《韧的追求》，三联书店，1985 年版，第 2 页。

到创见，但由于相关著作整理与研究的滞后等原因，侯先生在以上领域的理论成果和学术贡献长期以来未得到应有的重视。可喜的是，《侯外庐著作与思想研究》第一次将其早年刊出的《抗战建国论》（1938 年重庆生活书店初版）、《抗日民族统一战线论》（1938 年 7 月汉口生活书店初版）、《三民主义与民主主义》（1946 年上海长风书店初版）等单行本重新整理出版，相信上述论著的重新出版面世，将极大地补充和丰富研究侯外庐学术思想和生平的第一手资料。

综上所述，《侯外庐著作与思想研究》一书不仅是侯外庐先生学术思想的集中呈现，同时也是对其学术思想和治学方法的传承和弘扬，此外，该书还有如下特点和成绩：

第一，结构合理，体例严谨，可称集大成之作。

全书共三十三卷，整理者根据侯外庐先生一生的治学经历和学术发展脉络，拟定了回忆传记、经济学、社会史、思想史、哲学、时论、杂著等门类，对他的著述进行了分门别类的全面整理与收录；同时每卷中分别拟定了细致详尽的编辑体例和校勘说明，可称结构合理，体例规范。同时，研究者也可以借此了解侯外庐先生的学术研究领域，厘清其学术思想的发展轨迹。此外，该书不同于以往的学者全集或文集，而是将侯外庐先生的著作与思想研究相结合。除了侯外庐先生独撰的论著译作之外，还收入了他与杜国庠、赵纪彬、邱汉生、白寿彝、“诸青”（张岂之、何兆武、杨超、林英、李学勤）等人的著述，荟萃众多学者之所长，凝聚了侯外庐学派的集体智慧，可谓侯外庐学派研究成果的集大成之作。

第二，内容丰富，讲究考辩，具有拓荒抢救之功。

该书对侯外庐先生著作及相关研究成果的全面整理，特别是对新中国成立前发表的经济学、三民主义及时论文章的系统收录，具有拓荒和抢救整理的重要意义。例如，该书第四卷第一次将20世纪30年代侯先生发表在《中东经济月刊》《中山文化教育季刊》等期刊上的经济学论文整理结集，并将其早年刊出的《经济学之成立及其发展》（国际学社1935年初版）等经济学开山之作整理出版。该书还第一次将侯外庐先生1938年至1981年间发表在《中苏文化》《新蜀报》《大团结》《新华日报》《光明日报》等报纸上的主要时政文章整理结集出版，并对其中的文字进行了细致的校勘，力求真实客观地展现侯外庐先生的政论成果，具有重要的研究价值。

该书第五、六卷则收录了侯外庐先生社会史研究理论体系建立的标志成果——《中国古典社会史》（后易名《中国古代社会史》《中国古代社会史论》）。该书在不同的历史背景下，经过多次修改、补充和完善，差异较大。在本次出版中，整理者参考了这些著述的多个版本进行校勘，并将前后差异较大的《中国古代社会史》影印附在全书最后，具有重要的版本价值。

此外，上文提到的侯外庐思想史研究的开山之作《中国古代社会与老子》（1934年6月国际学社出版，收入第二十二卷）、《新哲学教程》（收入第二十五卷）、《苏联历史学界诸论争解答》（收入第七卷）及《三民主义与民生主义》《抗战建国论》（收入第二十六卷）等论著都是具有重要史料价值并稀见的文献。

第三，著作与研究并重，有助于促进当代马克思主义史学研究的发展与创新。

该书整理者第一次全面地将新中国成立以来海内外学者如任继愈、萧萐父、蔡尚思、张岂之、李学勤、瞿林东、方光华、太田幸男等人研究侯外庐思想的代表性成果70余篇整理结集出版，这些成果有助于我们更深刻地认识到侯外庐先生等20世纪马克思主义学术先驱的理论贡献。从这一点上说，《侯外庐著作与思想研究》一书的出版正符合当前弘扬中国优秀传统文化，加强当代中国马克思主义研究的需要。

20世纪80年代以来，包括侯外庐先生在内的老一辈马克思主义学者的理论观点与研究方法受到挑战。不过，近30年以来关于中国思想史学科的反思已经对侯外庐先生的思想史学科体系做出了某些修正与补充，但同时也存在着对其理论观点和研究范式的误读。侯外庐先生的一系列学术创见是在继承中国传统学术研究、吸收西方现代学术理论、参照同时代学人研究成果基础上所做出的判断，同时是对批判整理中国传统文化、推进马克思主义研究中国化的重要尝试。因此，在日益重视民族文化自觉的今天，借鉴侯外庐先生等马克思主义学者的研究成果，理解他们在整理中国优秀传统文化、促进马克思主义中国化等方面的积极尝试，将有助于让我们更加明晰现有的文化基础和努力的方向。

侯外庐：新中国史学界一代宗师

——《侯外庐著作与思想研究》编后

张中良
（长春出版社社科人文中心）

《侯外庐著作与思想研究》的出版无疑是中国学术界的一件大事，是中国史学界具有开拓意义的工作，填补了史学研究的一项空白，具有极大的学术价值、文献价值、理论价值和现实意义。下面是笔者在参加这套书的编辑出版过程中的一些体会，请大家指正。

一、为什么要出版这么一套书?

策划这套书的想法是这么来的。2012 年年初，我们在看一本书时，看到其中有涉及侯外庐先生的章节，偶然想到了这个选题。当时顺便查一下他的有关资料，特别是其著作的出版情况，得到的结果是，除了《中国思想通史》《中国古代社会史论》《中国思想史纲》《中国近代启蒙思想史》等书，还有《侯外庐史学论文选集》（上下册）、《侯外庐集》（收有侯老论文，400 多页）以外，像样的文集都还没出版过。作为新中国史学“五老”之一，侯外庐先生的论著很多，开本不一，出版社不一，他的著述还没有被系统整理过，这和他在中国史学界的地位和贡献是不相称的，也是不应该的。这说明在出版界，人们对于这个情况还没有给予应有的重视。于是，我们向社里提出这个想法，社长很支持。很巧的是，我们社科编辑中心有一位年轻编辑，是侯派后学，他也非常赞同。在此期间，他积极查资料，联系作者。在征得张岂之和李学勤二位先生的同意之后，我们一行三人（王占通副社长、胡新和本人）来到位于西安的西北大学中国思想文化研究所，同张岂之先生、谢阳举等同仁举行全集出版研讨会，并成立全集编委会。项目正式启动，时间是2012 年5 月。

二、我们做的主要工作

（一）最大可能地搜集资料

在编辑过程中，为了最大可能地占有资料，我们做出了最大努力。2012 年3 月至2014 年9 月，购得侯外庐先生各个时期各个版本的全部著作52 册，当然花费也不少，很多是在网上买的。多次去国家图书馆、北大图书馆、武大图书馆、吉林省图书馆、长春市图书馆多方搜集论文200 篇左右。在这期间，先后八人次去国家图书馆搜集论文。通过查找资料，我们发现了侯老一些很少为人所关注的论著，如《经济学之成立及其发展》《中国古典史论》（收入《中国古代社会史论》附录），作为全书附录的《中国古代社会史》（影印本）和《近代中国思想学说史》（影印本）；此外还有一部分很有价值的经济学论文、时政论文、史学论文和杂著（包括序、书评、悼文、忆文、书信等）。

（二）制定了详细的凡例（编辑体例）

在整理原则、编排原则、分卷原则、每卷说明、引用资料、标点符号等方面做了严格而详细的规定。例如，每卷卷首冠以本卷说明，内容包含简述底本、参校本、版本流变、整理者所做工作等内容；全书统一采取横排简体，避免使用旧体字、异体字和繁体字，个别地方用简体字，可能妨碍文意表达者，仍用繁体字；原书专名（包括人名、地名、术语）及译名，与今不一致者，不做改动，但尽可能保证每卷内统一，并加“——编者”，注明现在通行译法；等等。

（三）组织召开编委会，讨论和解决问题

分别于2012年6月，2013年2月、4月，2014年4月、10月，2015年6月，6次去西安与张岂之先生、谢扬举、张茂泽等编委会全体成员沟通，解决编辑整理过程中遇到的一系列问题。

（四）申报项目并成功申请到基金资助

2012、2013年，连续申报国家出版基金，获得2014年度国家出版基金资助，并被列入“十二五”国家重点图书出版物规划。获得国家出版基金资助，说明这个项目得到了国家层面的认可。

（五）加强编辑力量

长春出版社领导高度重视，专门制定规章制度，从人力、物力、财力等方面全面保障，以出精品为目标，并成立了项目组。由王占通副社长领衔，抽调精干人员，组成7人编辑团队，又先后聘用了8位硕士研究生作为助理协助编辑做核红、校对、查阅文献等工作。

（六）在编校方面精益求精

我们定的编校原则是，每改一字，都力求有根有据。（1）选择最好的底本，对引文进行仔细核对。（2）体例统一。侯老思想广博，涉及政治经济学、史学、哲学等学科，内容庞杂，文字风格不同，尤其是论文部分，整理起来比较烦琐，我们都尽可能做到了体例统一。（3）引文核对。我们以中华书局版《二十四史》《新编诸子集成》等权威版本为参照对象，对论著引文进行核对。（4）古文字方面，尽量借鉴吸收有关甲骨文、金文等方面的最新研究成果；如《中国古代社会史论》和《苏联诸论争解答》中有两段引用王国维的文字差异很大，实在拿不准，我们请教了李学勤先生，并按照他的建议进行校改。（5）改正原稿错字。如《中国思想通史》第一卷（人民出版社2011年版）第45页，“大骐出身的段干木”中，“大骐”应为“大驵”，出处为《吕氏春秋·尊师》：“段干木，晋国之大驵也。”又如，第二卷551页，“儿说”应为“兒说”，等等。总之，这是一个出版过程时间较长的项目，从立项到出书用了近四年的时间；这是团队人数最多的项目，作者、编辑、校对、排版等共计60余人；这是一个特别累人的项目，召开编委会6次，到北京图书馆查阅资料达8人次；原稿为繁体字或字迹不清不好辨认的达350多万字。尽管困难很多，任务很重，但是我们勇于接受挑战，最终较好地完成了任务。

三、全书的特色

我们认为，与之前出版过的侯老著作相比，此次出版的《侯外庐著作与思想研究》主要有以下三个特色：

（一）填补空白

在此之前，连像样的侯外庐文集都没有出版过。《侯外庐著作与思想研究》的出版，是一项开拓性工作，填补了中国史学研究的一项空白。

（二）全

第一，收录了侯外庐的几乎所有著作，相当于是侯外庐的全集，全套书33卷中有31卷是他的论著或译作。第二，收录了海内外学人研究侯外庐思想的主要成果（72篇论文），名为《侯外庐思想研究》上下卷。

（三）精

其一，内容精。该书是国内首次大规模、全方位地抢救性和研究性地整理侯先生自20世纪20年代到80年代的所有论著译作。第一次整理出版的有：侯老花十年心血翻译的《资本论》（第一卷）；中国解放战争时期时期唯一的马克思主义哲学教科书——《新哲学教程》（与罗克汀合著）；研究老子、有独到见解的《中国古代社会与老子》；等等。其二，编校质量精。对此，上面说了不少，兹不赘述。其三，印制精。为了保证印刷质量，由社长派专人联系、督印，在北京精心印制。

四、几点启发

经历了三年零八个月的辛苦劳动，有苦也有甜，有付出也有收获。在这当中，最大的收获是发现在侯老身上有许多值得我们学习的地方。

（一）真正的马克思主义者，是有崇高信仰的

习总书记2016年5月17日在《在哲学社会科学工作座谈会上的讲话》中明确提出：“坚持以马克思主义为指导，首先要解决真懂真信的问题。”通过编辑侯老的全集，我们觉得，侯老对马克思主义是真懂真信，具有很高的理论修养。在其自

传中，他说："五十多年来，我以信仰为生命，以信仰为家业，以信仰自励、自慰。""纵然只剩下埋头读书一条路可走，我的信仰也一刻不曾动摇过。在转向史学的开始阶段，信仰更起了无比重要的作用。"① 侯老是这么说的，也是这么做的。正是靠着这种信仰，侯外庐以坚强的意志，花十年之功，翻译了《资本论》。通过钻研马克思主义原著，他掌握了马克思主义基础理论和方法，并运用唯物史观来研究中国社会史和中国思想史，取得了重大的理论成果，如《中国古代社会史论》《中国封建社会史论》《中国思想通史》等。

（二）韧的治学精神

侯外庐特别推崇鲁迅所倡导的"韧"字，在《韧的追求》序言中说："大半生来，在我追求、研究的不平坦历程中，鞭策力是共产主义拯救中国的理想，但是具体实践中，也并非时时都靠宏大口号的支撑。坦白说，相当多的时候，我的信条几乎只有一个字，那便是鲁迅先生所倡导的那个伟大的字——'韧'！"② 用十年时间翻译《资本论》，即可充分说明侯老的韧劲之大，意志力之强。1928 至 1930 年在巴黎，侯外庐边读书，边试译《资本论》。在巴黎附近生活了三年，一次不曾参观卢浮宫、凡尔赛宫之类的名胜，一次没有进过剧场去欣赏法兰西的戏剧和音乐。只有远望埃菲尔铁塔，而从未得闲去登临。"凭着初生牛犊的雄心，凭着下功夫、肯吃苦的精神坚持下来，

① 侯外庐：《韧的追求》，见张岂之：《侯外庐著作与思想研究（第一卷）》，长春出版社，2016 年版，第 55 页。

② 侯外庐：《韧的追求 · 自序》，见张岂之：《侯外庐著作与思想研究（第一卷）》，长春出版社，2016 年版，第 2 页。

并坚持了整整十年。”[①] 工作艰难，生活拮据，回国还随时面临坐牢的危险，意志稍有动摇就无法将翻译坚持下去。

（三）理论创新的典范

列宁说：“判断历史的功绩，不是根据历史活动家没有提供现代所要求的东西，而是根据他们比他们的前辈提供了新的东西。”[②] 这句话用来评判历史学者颇为合适。侯老对理论创新特别重视。他喜欢王夫之的自题联：“六经责我开生面，七尺从天乞活埋”，并曾手书赠人。侯外庐先生的创新，是与他运用马克思主义理论和方法相联系的，是与运用唯物史观联系在一起的，而且随着时代的变化在不断地进行着创新。这具体表现在以下几个方面：（1）研究中国社会史。1931 年，他第一本史学著作，是研究老子的专著《中国古代社会与老子》，在此书中他尝试将社会史和思想史结合起来。1941 年，侯外庐写了《中国古典社会史论》。1946 年，他感到该书用“古典”二字不贴切，修订再版时，改为《中国古代社会史》。1955 年，他接受白寿彝先生的建议，定名为《中国古代社会史论》。（2）二十多年研究中国思想史。1942 年撰写《中国思想学说史》，始终注意社会史与思想史的联系，因为有独创性，所以两年内得以再版。1944 年撰写《近代中国思想学说史》（上下册）；1946 年与杜国庠、赵纪彬合作撰写《中国思想通史》第一卷；1947—1949 年与杜国庠、赵纪彬、邱汉生合作撰写《中国思想通史》第二卷、第三卷；1955 年出版《中国思想通史》第五卷；1959 年，侯外庐主编《中国思想通史》第四卷（唯一诞生

① 侯外庐：《韧的追求》，见张岂之：《侯外庐著作与思想研究（第一卷）》，长春出版社，2016 年版，第 15 页。

② 《列宁全集（第二卷）》，人民出版社，1984 年版，第 150 页。

于新中国成立后的一卷）。

除此之外，他创新的精神，还表现为在治史上重视决疑的精神，贵在独立自得。侯外庐说："在学术史研究上重视独立自得的精神，是我治学所一贯秉持的。"① 他还说：研究历史，"贵在能解决疑难，抉露本质"。可以说，在我国史学界，侯老自成一家，他也常与其时的学术大家争鸣。如与郭沫若争论孔子与屈原，与冯友兰争论郭象，与王季思争论汤显祖"四梦"，与熊十力争论王船山，等等。

不可否认，侯先生人格高尚。他在西北大学、中国社会科学院工作期间，教书育人，著书立说，为新中国培养了一大批人才，在中国学界产生了非常大的影响。

---

① 侯外庐：《韧的追求》，见张岂之：《侯外庐著作与思想研究（第一卷）》，长春出版社，2016 年版，第 211 页。

后　记

侯外庐是我国著名的马克思主义史学家、中国思想史学科的奠基人，史学界“五老”之一。其治学独具特色，将思想史与社会史相结合，把思想史研究置于社会史研究的基础上，体系博大、见解深刻，开创了享誉学林的“侯外庐学派”，为促进马克思主义中国化做出了卓越贡献。其著述颇丰，给后人留下了丰富的文化遗产。为了全面发掘、整理和研究这些文化遗产，2012 年由西北大学牵头，会同中国社会科学院等科研单位，历时 4 年，于 2016 年由长春出版社出版了 33 卷、1080 万字的《侯外庐著作与思想研究》。

为了纪念侯外庐先生，促进中国思想史学科的发展，时逢《侯外庐著作与思想研究》出版发行之际，西北大学中国思想文化研究所决定举行“侯外庐学术思想研讨会”。研讨会于 2016 年 6 月举行，由张岂之先生主持，邀请瞿林东、陈谷嘉等知名学者参加。为了进一步推动侯外庐研究走向深入，会后我们编辑整理出版了此次学术研讨会的论文集，以飨读者。如有不当之处，敬请谅解。

编者

2016 年 11 月